राहुल गांधी

नेता मोहब्बत वाला

राहुल गांधी

नेता मोहब्बत वाला

मुकेश भारद्वाज

YATRA
BOOKS

यात्रा बुक्स वाणी प्रकाशन ग्रुप का उपक्रम है।

vaniprakashan.com

पहला संस्करण : 2024

YATRA BOOKS
वाणी प्रकाशन ग्रुप

यात्रा बुक्स वाणी प्रकाशन ग्रुप का उपक्रम है।

4695, 21-ए, दरियागंज, नयी दिल्ली-110 002

फ़ोन : + 91 11 23273167, 23275710

शाखाएँ

अशोक राजपथ, पटना-800 004, बिहार

कॉफ़ी हाउस कैम्पस, महात्मा गांधी मार्ग, प्रयागराज-211 001, उत्तर प्रदेश

महात्मा गांधी अन्तरराष्ट्रीय हिन्दी विश्वविद्यालय, वर्धा-442 001, महाराष्ट्र

36/ए, शेक्सपियर सरणी, रानी बिरला गर्ल्स कॉलेज के पास, कोलकाता-700 017, प. बंगाल

sales@vaniprakashan.in
vaniprakashan@gmail.com

Rahul Gandhi : Neta Mohabbat Wala
by Mukesh Bhardwaj

ISBN : 978-93-6287-968-4
Journalism/Politics

मूल्य : ₹ 395

जी.एस. ऑफ़सेट, दिल्ली-110 095 में मुद्रित

वाणी प्रकाशन का लोगो मक़बूल फ़िदा हुसेन की कूची से

आमुख

मैं कांग्रेस हूं...

थी खबर गर्म कि गालिब के उड़ेंगे पुर्जे
देखने हम भी गए थे प तमाशा न हुआ

—मिर्जा गालिब

आपके अंदर मेरे लिए नफरत है। आपके अंदर मेरे लिए गुस्सा है। आपके लिए मैं पप्पू हूं। आप मुझे अलग-अलग गाली दे सकते हैं। मगर मेरे अंदर आपके खिलाफ इतना-सा भी गुस्सा, इतनी-सी भी नफरत, इतना-सा भी क्रोध नहीं है क्योंकि मैं कांग्रेस हूं...

मैं कांग्रेस हूं...आज से छह साल पहले लोकसभा में अविश्वास प्रस्ताव के दौरान राहुल गांधी ने जो किया उसे कथित 56 इंच सीने वाली गंभीरता की राजनीति में इस कदर भाषांतरित किया गया कि सदन में प्रधानमंत्री नरेंद्र मोदी को गले लगाने वाले राहुल गांधी की राजनीतिक मृत्यु घोषित कर दी गई। यह वह दौर था जब भारत में इंटरनेट की नई तकनीक ने राजनीति में गंभीर और निरंतर संवाद को घटा कर एक से दो मिनट के क्लिप में बदल दिया। इंटरनेट पर हैशटैग वायरल राजनीति ने भारत में अपनी पहली प्रयोगशाला खोलते ही 'गिनी पिग' तो मनमोहन सिंह को बनाया था और सिर्फ बोलने को राजनीति की एकमात्र योग्यता बता कर तात्कालिक समय में 'मौनमोहन' को खारिज करवा दिया। भारत की दो ध्रुवीय राजनीति वाले मैदान में नई वाली सत्ता को यह अच्छे से पता था कि मनमोहन सिंह का खारिज होना कांग्रेस का खारिज होना नहीं था। गांधी परिवार का उत्तराधिकारी जब भी सदन में आकर कह देगा कि मैं कांग्रेस हूं तो एक पल फिजा बदल जाने का डर तो होगा।

2014 में सत्ता परिवर्तन करने वाली भाजपा ने बहुत सोच-समझ कर 'कांग्रेस

मुक्त' भारत बनाने का वादा किया था। भाजपा को इस बात का अहसास था कि अगर उसके खिलाफ कोई अखिल भारतीय शक्ति उभरेगी तो वह कांग्रेस ही होगी। कांग्रेस मुक्त का नारा किस तरह शब्दार्थ में राहुल मुक्त में तब्दील हुआ और बार-बार हार कर, असफल होकर भी राहुल का कहना, मैं कांग्रेस हूं...यह पिछले दस साल की राजनीति का लब्बोलुआब भी है।

भारतीय राजनीति में राहुल गांधी को समझने के लिए चलते हैं संयुक्त प्रगतिशील गठबंधन (यूपीए) एक के दौर में। राजीव गांधी की शहादत के बाद जब लगा कि कांग्रेस पूरी तरह बिखर जाएगी तभी सोनिया गांधी उसकी अगुआई के लिए आगे आईं। सोनिया गांधी के साथ मरती हुई कांग्रेस को संजीवनी मिली। यूपीए-एक के ही दौर में राजनीति में राहुल गांधी का भी प्रवेश होता है। राहुल गांधी को कांग्रेस का भविष्य बनाने की कोशिश यहां से शुरू होती है। इसके साथ ही शुरू होती है इस वंशवाद की आलोचना। राजनीति में इसे राहुल गांधी की पैराशूट लैंडिंग ही देखी गई।

लेकिन पैराशूट से उतरा यह नेता कांग्रेस की वैचारिकी विरासत से अलग चलता हुआ दिखने लगा। सोनिया गांधी जिस कांग्रेस को एकजुट करने की कोशिश कर रही थीं उसी के प्रधानमंत्री के लाए गए अध्यादेश को राहुल गांधी लोकतंत्र के विरुद्ध बता कर फाड़ देने की बात कह देते हैं। सुप्रीम कोर्ट ने फैसला दिया था कि अदालत में जनप्रतिनिधियों के अपराध का दोषी ठहराए जाने पर और न्यूनतम दो साल की सजा मिलने पर तत्काल प्रभाव से उनकी सदन की सदस्यता खत्म हो जाएगी। 2013 में सुप्रीम कोर्ट ने जनप्रतिनिधित्व अधिनियम, 1951 की धारा 8 (4) को रद्द कर दिया था। सुप्रीम कोर्ट का यह फैसला लिली थामस बनाम भारत संघ के नाम से चर्चित हुआ। इसी के खिलाफ मनमोहन सिंह सरकार अध्यादेश लाई, जिसके बारे में राहुल गांधी ने एक प्रेस कॉन्फ्रेंस में कहा कि इसे फाड़ देना चाहिए। राहुल के इस बयान के बाद मनमोहन सिंह की सरकार ने यह अध्यादेश वापस ले लिया। मनमोहन सिंह पर रिमोट कंट्रोल प्रधानमंत्री रहने के जो आरोप लग रहे थे राहुल गांधी के इस कदम ने हंगामा बरपा दिया। मनमोहन सिंह पर कठपुतली प्रधानमंत्री का ठप्पा लगाने का मकसद सोनिया गांधी के त्याग को कमतर करना था। विदेशी मूल के मुद्दे पर हंगामा बरपने के बाद सोनिया गांधी को यह अहसास हो गया था कि कांग्रेस को एकजुट रखने के लिए उनका प्रधानमंत्री की कुर्सी से दूर रहना बेहतर है। इस फैसले के बाद शुचिता की राजनीति में अपनी साख बढ़ने की सोनिया गांधी जो हकदार थीं, उसके आगे मनमोहन सिंह की मौन छवि को खड़ा कर दिया गया। कांग्रेस को एकसूत्र में बांधने के लिए ही सोनिया गांधी ने राष्ट्रीय एकता परिषद का गठन कर उसकी अध्यक्षता की।

इस बीच भारतीय राजनीति के संदर्भ में गैर परंपरागत बाडी लैंग्वेज से राहुल गांधी पूरी राजनीतिक पारिस्थितिकी को असहज कर रहे थे। अपनी ही सरकार, वैचारिकी और व्यवस्था को लेकर उनका जाहिर होता गुस्सा उनकी छवि को नकारात्मक रूप में ले जा रहा था। पैराशूट लैंडिंग, वंशवादी तो पहले की बनाई लीक पर चलते हैं, लेकिन राहुल ने अपनी राह बनाने का मुश्किल रास्ता पहले ही चुन रखा था। राहुल को विरासत में मिली पहचान और सुविधाओं का यह भी सकारात्मक असर था कि उनके व्यक्तित्व से खोने का डर खत्म होता दिखता गया।

राहुल की अपनी पहचान बनाने की कोशिश को लेकर भाजपा सतर्क हुई। भाजपा की स्पष्ट समझ थी कि टूटी-बिखरी कांग्रेस को अगर कोई जोड़ सकता है तो वह सिर्फ राहुल गांधी हैं। उस वक्त राहुल गांधी की जो भी महत्त्वाकांक्षा रही हो लेकिन उसमें संघर्ष से ज्यादा गुस्से का इजहार था। यह गुस्सा किस रास्ते पर जाएगा इसका नक्शा तय नहीं हो पा रहा था। राहुल के तत्काल पहचान बनाने के संघर्ष को वंशवादी सोने की थाली बता कर उन्हें खारिज करना कोई मुश्किल काम भी नहीं था। कांग्रेस को खत्म करने के लिए यह जरूरी था कि राहुल गांधी को उसका भविष्य बनाने की कोशिश खत्म हो। इसके लिए भारतीय राजनीति की 'कांग्रेस मुक्त प्रयोगशाला' में जिस रसायन का आविष्कार हुआ उसका नाम था—पप्पू।

राहुल गांधी की छवि पर पप्पू बम का धमाका कर दिया गया था। इसी छवि के साथ यूपीए-दो में प्रवेश करते हैं। इस दौर में राहुल गांधी वही काम शुरू करते हैं जिसकी नसीहत राजनीतिक पंडित सबसे पहले देते हैं—वह है सांगठनिक ढांचा। कांग्रेस का ढांचागत बुनियाद इतना खोखला हो चुका था कि उसके दुरुस्तीकरण की कवायद शुरू होते ही पार्टी टूट गई। बुजुर्ग बनाम युवा के संघर्ष ने कांग्रेस में भूचाल के स्तर तक बिखराव लाया।

पहली कोशिश में नाकामी के बाद राहुल को अहसास हुआ कि कांग्रेस की बुनियाद तब तक दुरुस्त नहीं होगी जब तक अट्टालिका पर वो खुद बैठे रहेंगे। आकाशीय छलांग और एंग्री यंग मैन की छवि के साथ संगठन को मजबूत नहीं बनाया जा सकता था। वंशवाद का सबसे बड़ा ठप्पा कांग्रेस अध्यक्ष पद पर ही था। भाजपा ने सबसे ज्यादा इसे लेकर ही राहुल पर हमला किया। भाजपा को साफ अहसास था कि गांधी परिवार नहीं तो कांग्रेस नहीं।

यूपीए-दो के बाद कांग्रेस सत्ता से बाहर होती है और अब संगठन की ओर लौटने के अलावा कोई राह नहीं थी। कांग्रेस अध्यक्ष के रूप में राहुल गांधी ने अपनी कोशिश तो शुरू की लेकिन अध्यक्ष पद पर राहुल के होते ही पूरी कांग्रेस की छवि कठपुतली की बन रही थी। इस राह पर राहुल को कोई सफलता नहीं मिल रही थी।

आम जिंदगी में कहा जाता है कि आप लगातार डटे रहेंगे तो सफलता मिलेगी। राहुल गांधी लगातार असफलताओं के बाद भी अपनी बनाई राह पर डटे हुए थे। आम तौर पर भारतीय राजनीति में पैराशूट लैंडिंग और गद्दी का संबंध बहुत सहज होता है। जैसे अखिलेश यादव को उत्तर प्रदेश में पिता की विरासत मिली और वो वंशवाद के आरोप के साथ सहजता से आगे बढ़ते गए। अखिलेश यादव के साथ ऐसा कोई संघर्ष नहीं दिखता है यानी गद्दी मिली और सफलता मिली। बिहार में तेजस्वी यादव भी शुरुआती उठापटक के बाद अपनी विरासती राजनीति के साथ सहज होकर आगे बढ़ने के लिए संघर्ष कर रहे हैं। तेजस्वी भी अपने हिस्से की सफलता हासिल कर चुके हैं। वहीं राहुल गांधी की तरफ देखा जाए तो लगातार असफलताओं के बीच में टिके रहने के लिए प्रणरत रहना उनकी सबसे बड़ी खासियत दिखती है।

इस खासियत के साथ उन कमियों और विसंगतियों का मेल भी है जो राहुल के मैं कांग्रेस हूं...वाली आवाज को विरोधाभासी बनाता है। सांगठनिक ढांचा मजबूत करना आज के समय में सबसे बड़ी चुनौती है। वैचारिक रूप से कांग्रेस मुख्यधारा के पूंजीवादी दलों से अलग तो नहीं बल्कि उनकी जननी ही है। पूंजीवाद परस्त विरासत होने के बाद भी आप अडानी-अंबानी के विरोध को अपना राजनीतिक नारा बना लेंगे तो आगे किस राह पर जाएंगे यह भी बड़ा सवाल है। अडानी-अंबानी को कोसने से संगठन के लिए पैसा कहां से आएगा? बिना संगठन के कांग्रेस आगे कैसे बढ़ेगी? यह सबसे बड़ा विरोधाभास है और यथार्थ की जमीन पर इसे भावनात्मक उन्माद ही कहा जा सकता है। बिना सोचे-समझे उन्माद में आगे बढ़ने के भयंकर नतीजे राहुल गांधी ने ही भुगते हैं। कई लोग इन मुद्दों पर ही उनसे छिटक गए। जो लोग कांग्रेस को पूंजीपतियों की पार्टी मानते थे और उसी हिसाब से नीति बनाते रहे थे अब तक उनके हिसाब से ही चंदा मिलता रहा था और पार्टी चलती रही थी।

हालांकि राहुल अपने अनुभव के स्कूल से अपने गुस्से को कमतर करते चले गए हैं और उम्मीद है कि इस मुद्दे पर भी वे यथार्थ के धरातल पर लौटेंगे। असफलताओं से परिपक्वता भी आती है और इसका सबसे बड़ा उदाहरण है विपक्ष का 'इंडिया' गठबंधन। शुरुआत में कांग्रेस के रवैए के कारण कांग्रेस से नीतीश कुमार जैसे लोग छिटके। उस गलती को महसूस कर राहुल गांधी इंडिया गठबंधन को बचाने की पूरी कोशिश करते दिखे। इंडिया गठबंधन में शीट शेयरिंग जो असंभव मानी जा रही थी राहुल गांधी ने समझौतावादी रुख बना कर उसे संभव बनाया। 2024 के 18वीं लोकसभा चुनाव के लिए कांग्रेस ने ऐतिहासिक रूप से सबसे कम सीटों पर चुनाव लड़ा। 1951 के बाद 2024 वह मोड़ था जब कांग्रेस ने 328 सीटों पर ही अपने उम्मीदवार खड़े किए।

अब तक सबसे कम सीटों पर लड़ते हुए राहुल गांधी जनता से सबसे ज्यादा जुड़ते हुए दिखने की कोशिश करते रहे। इस रणनीति का नतीजा यह निकला कि भारतीय राजनीति में कांग्रेस ने विपक्ष की वापसी करवा दी। अब राहुल के सामने सबसे बड़ी चुनौती यह है कि सांगठनिक ढांचे और संसाधनों की कमी का कौन-सा रास्ता निकालेंगे। इसकी राह निकाल कर ही वे कह पाएंगे—मैं कांग्रेस हूं।

अपनी ही बुनियाद के खिलाफ बुलंद आवाज

राहुल के अब तक के सफर को समझने के लिए सबसे पहले चलते हैं 2011 में। राष्ट्रीय राजधानी दिल्ली से सटे यमुना-एक्सप्रेस-वे को जब विकास का पर्याय मान कर उस मुग्धता के खिलाफ बोलना ही विकास विरोधी होना था, उसी वक्त एक ऐसी आवाज उठी जिसने इस चमचमाते एक्सप्रेस-वे की अवधारणा पर स्पीड ब्रेकर सा लगा दिया। जमीन अधिग्रहण और किसान इन दो बातों को केंद्र में लाकर उस राहुल गांधी ने पूरे देश का ध्यान अपनी ओर खींचा जिन्हें सुविधाजीवी विरासती चेहरा मान कर जनसंचार माध्यम के एक बड़े तबके ने 'पप्पू' साबित करने की कोशिश की थी।

भट्टा पारसौल के जरिए राहुल गांधी ने राजनीतिक तौर से वंशवादी घोषित की गई अपनी छवि में वह नया बदलाव किया जो आगे चल कर प्रचंड बहुमत वाली भाजपा सरकार की राह की अब तक की सबसे बड़ी मुश्किल साबित होती रही है। राहुल के इस अवतार ने आगे चलकर 2014 के बाद उस तबके को केंद्र सरकार के खिलाफ खड़ा किया जिसे मीडिया को भी मजबूरी में अन्नदाता कहना पड़ता है, वरना वह तो यह भी साबित कर दे कि किस तरह से कांग्रेस के सत्ता से जाने के बाद देश में इतना विकास हुआ कि आम जनता रोटी भी गूगल से डाउनलोड कर सकती है, उसे दिल्ली की सीमा घेर कर केंद्र सरकार को मुसीबत में लाने वाले किसानों की कोई जरूरत नहीं है। अफसोस, रोटी का मसला ऐसा है कि कोई राष्ट्रवादी, मजहबी लोरी जनता को देर तक सुला नहीं पाती।

भट्टा पारसौल से कहानी शुरू होती है उस राजनेता की जिसे सत्ता से जुड़े राजनीतिक पर्यावरण ने कहा कि वह कुछ भी नहीं है, लेकिन उसमें इतना कुछ तो था कि पिछले दस सालों में सत्ता को अपनी ऊर्जा उसे खारिज करने में झोंकनी पड़ी जिसे वह भारतीय राजनीति में हाजिर मानती ही नहीं है। 2014 में देश की जनता ने एक बहुत बड़ा राजनीतिक परिवर्तन किया था तो जाहिर सी बात है कि 2019 में भी वह अपने बड़े फैसले का असर देखना चाहती थी। लेकिन, 2024 तक आते-आते अब तक की प्रचंड बहुमत वाली सरकार का यह हाल हुआ कि उसके आला नेताओं के भाषण राहुल गांधी के खिलाफ शुरू होकर उन्हीं पर खत्म हो जाते थे। जिस पार्टी

ने देश को कांग्रेस मुक्त करने का दावा किया था वह कांग्रेस नेताओं से युक्त होकर भी राहुल गांधी के राजनीतिक बोझ से मुक्त नहीं हो पाई, बल्कि 2024 के लोकसभा चुनाव के नतीजों के साथ वे भाजपा के लिए सबसे बड़ी चुनौती बन कर सामने आ गए।

जब पूरा जनसंचार माध्यम 2024 की चुनावी लड़ाई को एकतरफा घोषित कर चुका था, भाजपा सरकार पूरी तरह आश्वस्त होकर अबकी बार 400 पार का नारा लगा चुकी थी तभी बीच बहस में कांग्रेस का घोषणापत्र आ जाता है। इसके बाद देश की सत्ताधारी पार्टी से लेकर पूरा तंत्र कांग्रेस के घोषणापत्र के खिलाफ खड़ा हो जाता है।

किसी ने सोचा भी नहीं था कि 2024 के चुनाव में भाजपा की सारी ऊर्जा खारिज कर दिए गए राहुल को बार-बार खारिज करने में जाएगी। भाजपा के नेता अपना संकल्प-पत्र भूल कर कांग्रेस के घोषणापत्र का तोते की तरह रट्टा मारने लगे और चुनावी रैलियों में राहुल गांधी पर हमले और तेज हो गए। जब पूरा जनसंचार माध्यम कह रहा था कि राहुल गांधी ने घोषणापत्र से अपने पैर पर कुल्हाड़ी मार ली है तो वह अमरावती की रैली में बड़े आराम से बोल रहे थे—अभी तो पूरा मजा आया नहीं है, अभी मजा लाता हूं। मैं जो बोल रहा हूं वह क्रांतिकारी है। टका टक...टका टक... टका टक...। अभी और क्रांति आनी है।

पिछले दस सालों में भाजपा के रणनीतिकार इस बात पर गर्व कर सकते हैं कि वह विपक्ष को अपनी पिच पर खेलने के लिए मजबूर कर देते हैं। विपक्ष उसके फंसाए जाल में फंस जाता है। लेकिन, 2024 के लोकसभा चुनाव में कांग्रेस व राहुल गांधी के संदर्भ में इसका उल्टा हुआ।

2019 के बाद भाजपा ने मजहबी ध्रुवीकरण के बजाय विकास के मुद्दों पर बात करने वाली पार्टी का चेहरा बनाना शुरू किया। भाजपा के आला नेताओं के समावेशी और उदार स्वर शुरू हो चुके थे। लेकिन, कांग्रेस के घोषणापत्र से लेकर राहुल गांधी के भाषणों में ऐसा कुछ था जिसने भाजपा को हिंदू-मुसलिम वाले मुद्दे पर लौटने के लिए मजबूर कर दिया। 2024 में भाजपा हिंदू-मुसलिम वाले मुद्दे पर तब लौटने के लिए मजबूर हुई जबकि उसे पूरा जमीनी फीडबैक था कि यह हांडी तीसरी बार चढ़ा देना खतरनाक होगा। जनता धार्मिक ध्रुवीकरण के मुद्दों से उकता चुकी है। घटती कमाई और बढ़ती महंगाई पर बात करने से बचा नहीं जा सकता है।

2024 के चुनाव का यह हाल हो गया कि कांग्रेस को खारिज करने वाले मीडिया के प्रस्तोता खोजी पत्रकार बन कर उसके घोषणा पत्र का 'फैक्ट चेक' करने लगे। राहुल गांधी का 'आर्थिक न्याय' का शब्द सत्ता से लेकर मीडिया तक ऐसी अबूझ

पहेली बना कि सत्ता से लेकर मीडिया पक्ष तक 'पप्पू' बन गया। भारत में अमीर-गरीब की खाई और गहरी असमानता कोई नई बात नहीं है। पिछले दिनों कई आर्थिक सर्वेक्षण बता रहे हैं कि यह खाई और चौड़ी होती जा रही है। कांग्रेस ने जिस वैचारिक भाषा में संपत्ति वितरण और असमानता की बात की सत्ता पक्ष से लेकर मीडिया तक उस वैचारिकता से दूर हो चुका है।

वह कांग्रेस का घोषणापत्र था जिसके कारण नरेंद्र मोदी के चुनावी भाषण ध्रुवीकृत होते गए। अपने भाषणों में वे प्रत्यक्ष रूप से मुसलमानों का नाम लेकर भय दिखाने लगे। एक महीने से ज्यादा लंबी चली मतदान प्रक्रिया में हर बढ़ते चरण में प्रधानमंत्री नरेंद्र मोदी कांग्रेस को लेकर तीखे होते चले गए। मुसलिम विरोधी उनके बयानों से असहजता आने लगी तो एक समाचार चैनल पर एंकर से कह दिया कि अगर मैंने कभी हिंदू-मुसलमान किया हो तो सार्वजनिक जीवन छोड़ दूंगा और अगले ही दिन फिर से चुनाव प्रचार में वो मुसलमानों का भय दिखाने लगे। उन्होंने आरोप लगाया कि कांग्रेस महिलाओं का मंगलसूत्र ले लेगी। प्रधानमंत्री के भाषण का स्तर ऐसा हुआ कि उन्होंने कह दिया कि अगर आपके पास दो भैंस हैं तो एक भैंस कांग्रेस खोल कर ले जाएगी। जिस कांग्रेस और राहुल को चुनावों की घोषणा के पहले कुछ समझा ही नहीं जा रहा था, उसी राहुल और कांग्रेस के इर्द-गिर्द सत्ता पक्ष का चुनाव प्रचार सीमित हो गया।

2024 के चुनाव के बीच में मीडिया के प्रस्तोताओं को कहना पड़ गया कि कांग्रेस ने महिलाओं का मंगलसूत्र लेने वाली बात कहीं नहीं कही है। यह राहुल गांधी की रणनीति थी कि चुनाव के समय में चुनाव आयोग को उस वक्त 'पप्पू' बनना पड़ा जब उसके पास हजारों की संख्या में प्रधानमंत्री नरेंद्र मोदी के 'हेट स्पीच' की शिकायत आई। चुनाव की तारीखों के पहले तो मुख्य चुनाव आयुक्त को भी यह भरोसा था कि इस बार सत्ता पक्ष हिंदू-मुसलिम वाले 'हेट स्पीच' से परहेज करेगा इसलिए उन्होंने शेरो-शायरी के साथ आश्वासन दिया था कि वह हेट स्पीच पर कार्रवाई करेगा। जिस चुनाव आयोग ने चुनाव के पहले अपने नंबर बढ़ाते हुए राहुल गांधी को संभल कर भेजने का नोटिस दिया था वह भाजपा के उन नेताओं को नोटिस नहीं भेज पा रहा था जो चुनाव में श्रीराम का पोस्टर लेकर घूम रहे थे तो धार्मिक ध्रुवीकरण करने की कोशिश कर रहे थे।

राहुल गांधी की रणनीति और कांग्रेस के घोषणापत्र का यह असर हुआ कि प्रधानमंत्री को नोटिस भेजने के लिए चुनाव आयोग ने बीच चुनाव में अपने नियम में बदलाव किया। प्रधानमंत्री के खिलाफ आई शिकायत के संदर्भ में नोटिस भाजपा अध्यक्ष के नाम से भेजा गया। हालांकि यह नियम पहले ही नजर में अव्यावहारिक

था और आने वाले समय में इस पर कई सवाल उठेंगे। कहां तो चुनाव आयोग से विपक्ष मांग कर रहा था कि वह सारे दलों के लिए चुनाव में बराबरी का मैदान मुहैया कराए, और कहां चुनाव आयोग वह अंपायर बन बैठा जिसने खेल के बीच में ही मैदान का नियम बदल दिया, जो हर तरह से राजनीतिक शुचिता का उल्लंघन करता दिख रहा है। अगर मुख्य चुनाव आयुक्त ने चुनाव की तारीखों के एलान के साथ ही इस नए नियम को किसी शायरी के साथ साझा किया होता तो बात समझ आ सकती थी। लेकिन, यह तो साफ दिखा कि एक राहुल गांधी से निपटने के लिए बीच चुनाव में चुनाव आयोग को नियम बदल कर पहले से अपने मलिन हुए चेहरे को पक्षपात के और बड़े आरोप से धूल-धूसरित करना पड़ा।

हमने राहुल की कहानी भट्टा पारसौल से शुरू की। यह सही है कि राहुल की क्रांति के बाद भी भट्टा पारसौल में जमीन अधिग्रहण हुआ और विकास के कार्य भी तयशुदा हुए। उसके बाद 2012 के विधानसभा चुनाव में कांग्रेस की बुरी गत हुई। लेकिन, इससे राहुल गांधी को अपनी राजनीति का राजमार्ग मिल गया था। राहुल गांधी यह समझ चुके थे कि देश की जनता ने बड़ा राजनीतिक बदलाव किया है और उनकी वापसी आसान नहीं है। लेकिन, सच यह भी था कि पूरी दुनिया की तरह भारत में सिर्फ बड़ा राजनीतिक बदलाव हुआ था, समस्या का समाधान उस सत्ता के पास भी नहीं है जो कांग्रेस की अधूरी पड़ी उदारवादी आर्थिक नीतियों को तेजी से लागू करती जा रही थी। राहुल ने इस बात पर यकीन किया कि बहुत जल्द नहीं तो माहौल एक बार और पलटी खाएगा। वो खुद को उसी पलटवार के लिए तैयार करने लगे।

कहते हैं कि दयानतदारी की शुरुआत घर से होनी चाहिए। राहुल ने राजनीति के लिए वह आदर्शवादी सुर चुना जिसे सत्ता पक्ष से लेकर मीडिया अगंभीर करार देता। लेकिन, राहुल गांधी इस सब कुछ को बदल दूंगा के लिए इतने गंभीर थे कि अपनी ही सरकार के उस फैसले के खिलाफ चले गए जो राजनीति को आदर्शवाद से दूर करती है। शुरुआत में हम मनमोहन सिंह के अध्यादेश वापस लेने की बात का उल्लेख कर चुके हैं। 2013 की जुलाई में सुप्रीम कोर्ट ने आदेश पारित कर कहा था कि आपराधिक मामलों में दोषी पाए जाने और दो साल या उससे अधिक की सजा होने पर सांसदों और विधायकों की सदस्यता रद्द कर दी जाएगी। इसके साथ ही सजा पूरी होने के बाद भी उन्हें छह साल तक चुनाव लड़ने का अधिकार नहीं रहेगा।

सुप्रीम कोर्ट के इस आदेश को निष्क्रिय करने के उद्देश्य से तत्कालीन मनमोहन सिंह की सरकार दो महीने बाद इसके खिलाफ एक अध्यादेश लेकर आई। उस वक्त कहा गया कि यूपीए सरकार का यह कदम सहयोगी दल राजद के लालू प्रसाद यादव

को चारा घोटाले में अयोग्यता से बचाने के लिए है। अध्यादेश पारित होने के कुछ दिनों बाद, 27 सितंबर को राहुल गांधी ने दिल्ली में पार्टी के एक प्रेस कार्यक्रम में सार्वजनिक रूप से यूपीए सरकार को इस अध्यादेश के लिए कोसते हुए कहा कि इस अध्यादेश को फाड़ कर फेंक देना चाहिए। उस प्रेस कॉन्फ्रेंस में राहुल गांधी के कहे शब्दों पर गौर किया जाए—

'मैं आपको बता रहा हूं कि आंतरिक रूप से क्या हो रहा है। हमें राजनीतिक विचारों के कारण ऐसा करने की आवश्यकता है। हर कोई ऐसा करता है। कांग्रेस पार्टी ऐसा करती है, बीजेपी ऐसा करती है, समाजवादी पार्टी ऐसा करती है और हर कोई ऐसा करता है और अब इसे रोकने का समय आ गया है। मुझे वास्तव में लगता है कि हमें इस प्रकार के समझौते करना बंद कर देना चाहिए क्योंकि अगर हम वास्तव में इस देश में भ्रष्टाचार से लड़ना चाहते हैं हम इन छोटे-मोटे समझौतों को जारी नहीं रख सकते हैं...मुझे दिलचस्पी है कि हमारी सरकार क्या कर रही है और मुझे व्यक्तिगत रूप से लगता है, जहां तक इस अध्यादेश का संबंध है, हमारी सरकार ने जो किया है वह गलत है।'

राहुल गांधी जब इस अध्यादेश के खिलाफ बोल रहे थे उस वक्त प्रधानमंत्री मनमोहन सिंह अमेरिका की यात्रा पर थे। अमेरिका से लौटते ही उन्होंने कांग्रेस कोर ग्रुप की बैठक कर इस अध्यादेश को वापस लेने की जरूरत बताई। दूसरे ही दिन यह अध्यादेश वापस ले लिया गया।

मनमोहन सिंह सरकार के इस अध्यादेश के खिलाफ आवाज उठाने के बाद राहुल ने उस आदर्शवाद का रास्ता पकड़ा जो सबसे पहले अपने घर को बदलना चाहता है। भारतीय राजनीति के भाषणों में आदर्श की बात तो सभी करते हैं, लेकिन आदर्श स्थापित करने वालों को अगंभीर और अव्यावहारिक करार देकर किनारा करने की पूरी कोशिश की जाती रही है।

2023 में जब सूरत की अदालत में आपराधिक मानहानि का दोषी ठहराए जाने के बाद संसद में राहुल गांधी की लोकसभा की सदस्यता स्थगित कर दी गई तो इसके लिए भी आलोचकों ने राहुल गांधी को ही दोषी करार दिया कि अगर वो मनमोहन सिंह सरकार के अध्यादेश के खिलाफ नहीं गए होते तो आज यह नौबत नहीं आती। लेकिन, राहुल गांधी संसद की योग्यता खारिज होने से जरा भी विचलित नहीं दिखे और जिस शालीनता से उन्होंने अपने सांसद कोटा वाले घर की चाबी सरकारी अधिकारियों को सौंपी वह भी भारतीय इतिहास में आदर्शवाद की एक स्थापित तस्वीर है। मानहानि मामले में अधिकतम सजा को शालीनता से स्वीकारना राहुल गांधी की एक और ऐसी रणनीति थी जिसने सत्ता पक्ष के जश्न को फीका कर दिया।

राहुल गांधी के प्रति सहानुभूति की लहर उमड़ी और सत्ता पक्ष के प्रवक्ताओं ने कहना शुरू कर दिया कि राहुल गांधी ऊपरी अदालत में क्यों नहीं जाते? सहानुभूति क्यों बटोर रहे हैं? मानहानि मामले में विपक्ष के सजायाफ्ता नेता ने अपने हिस्से में एक छोटा-सा नायकत्व और गढ़ दिया कि सत्ता पक्ष यह सोच कर परेशान हो गया कि ये महोदय संसद में ही ठीक थे। संसद से अयोग्य होकर सड़क पर इतना बोल रहे थे कि भाजपा के प्रवक्ताओं को उनके भाषण का सीधा प्रसारण सुन कर उसका प्रतिवाद तैयार करना पड़ता था। जो पत्रकार राहुल के भाषण को कवर करने नहीं पहुंचते थे उन्हें राहुल गांधी का भाषण फिर से सुनना पड़ता था क्योंकि सत्ता पक्ष के प्रवक्ता जिसका प्रतिवाद करें, उसके मूल में क्या है यह जानना तो जरूरी था। संसद से अयोग्य होकर सड़क पर पहुंचे राहुल गांधी बार-बार यह जता जाते थे कि भारत का राजनीतिक स्वर विपक्ष-मुक्त नहीं हुआ है।

भाजपा देश में राजनीति चाहे जिस तरह की भी करे, लेकिन उसे राहुल गांधी की राजनीति की पहचान थी। भाजपा को यह अहसास था कि उसके खिलाफ अगर कोई राष्ट्रीय खतरा उभर सकता है तो वह सिर्फ राहुल गांधी हैं। बजरिए राहुल गांधी कांग्रेस के फिर से उभर जाने के खतरे को भांपते हुए सत्ता पक्ष ने सत्ता हासिल होते ही कांग्रेस पर हमला जारी रखा। इसी का नतीजा था कि वैश्विक मंचों पर भाषण दिए जाने लगे कि भारतीय सत्ता को विपक्ष काम नहीं करने देता और पिछले सत्तर सालों में भारत में कितना बुरा शासन था। यह पहला मौका था जब बिना चुनावी मौसम के विदेश की धरती पर चुनाव जैसे भाषण दिए जाते थे, जिसमें विपक्ष पर हमला होता था। जाहिर सी बात है कि पक्ष की इस क्रिया की प्रतिक्रिया भी होती और हावर्ड से लेकर बर्कले विश्वविद्यालय तक राहुल गांधी के भाषण प्रसिद्धि पाने लगे और वह विदेश की धरती पर अपने देश के लोकतंत्र पर सवाल उठाने लगे। राहुल गांधी के इस रुख से सत्ता पक्ष फिर असहज हुआ और उन्हें राष्ट्रवाद के चपेटे में लेने की कोशिश कर उनका देश-विरोधी चेहरा बनाने की कोशिश हुई। विदेश में दिए भाषणों पर भारतीय मीडिया हंगामा बरपा देता और 'कुछ नहीं', 'अपरिपक्व', 'अगंभीर' राहुल पर ऐसी चर्चा होती जिसमें परिपक्वता का कोई निशान नहीं होता, बस इस बात पर गुस्सा उतारा जाता कि राहुल गांधी बोलते क्यों हैं?

सत्ता पक्ष और मीडिया की तरफ से जो राहुल कुछ भी नहीं थे, वो कुछ भी नहीं कैसे हैं यह बताने के लिए भाजपा प्रवक्ताओं की पूरी टीम को अपने राजनीतिक करियर के दस साल देने पड़े। यह सही है कि स्मृति ईरानी ने अमेठी से राहुल गांधी को हरा कर इतिहास रच दिया। लेकिन, स्मृति ईरानी का राजनीतिक करियर राहुल विरोध से आगे बढ़ ही नहीं पाया। स्मृति ईरानी को चाहे किसी भी विभाग की मंत्री

बनाया गया हो, लेकिन उनका एक ही काम होता है—राहुल गांधी के खिलाफ बयान देना। लगता था उन्हें 'राहुल गांधी विरोध मंत्रालय' का जिम्मा दिया गया है। जो स्मृति ईरानी भाजपा की महिला नेताओं की पंक्ति में एक कद्दावर, गंभीर नेता बन सकती थीं, बस राहुल गांधी को कुछ नहीं और अगंभीर बताने में जुटी रहने के कारण संसद से लेकर सड़क तक अपनी हास्यास्पद छवि ही बना पाईं। तर्कशील नेता की जगह वे एक झगड़ालू नेता की छवि ही हासिल कर पाईं तो सिर्फ इसलिए कि उनका राजनीतिक ध्येय राहुल गांधी को कुछ नहीं साबित करना था। स्मृति ईरानी के राहुल विरोधी इसी पहचान के कारण कांग्रेस ने अमेठी से पार्टी के पुराने कार्यकर्ता किशोरी लाल शर्मा को खड़ा किया। अमेठी में जमीनी रुझान स्मृति ईरानी के खिलाफ थे और अगर वे अमेठी से चुनाव लड़ते तो शायद स्मृति ईरानी की इस पहचान को संजीवनी मिल जाती। अमेठी से किशोरी लाल शर्मा की जीत के साथ कांग्रेस रणनीतिक रूप से बाजी मार ले गई।

छवि प्रबंधन : पक्ष बनाम प्रतिपक्ष

भारतीय राजनीति में विरोधाभास के चेहरे को कोई शक्ल देने की कोशिश की जाएगी तो उसमें एक केंद्रीय चेहरा राहुल गांधी का निकलेगा। आज के इस समय को छवि प्रबंधन की संज्ञा दी गई है तो इसके उलट राहुल गांधी खड़े हैं। एक की छवि विखंडित होती है, तभी दूसरे की छवि का प्रबंधन होता है। नायक का अस्तित्व खलनायक से है। अगर कोई खल नहीं रहेगा तो नायक की जरूरत पड़ेगी ही नहीं। हर कोई आम इंसान की तरह जिएगा। आम के बीच खास को पैदा करने के लिए ही नायकत्व की अवधारणा रखी गई है।

राहुल गांधी को समझने के लिए एक बार फिर 2014 के पहले के समय में आते हैं। गठबंधन की सरकार है, यानी कोई एक केंद्रीय नायक नहीं था। छवि को लेकर खींच-तान चलती रहती थी। आज किसी 'क' नेता में नायकत्व दिखा तो कल किसी 'ख' में नायकत्व खोज लिया गया। राजनीति का मंच एक बहुनायकीय फिल्म थी जिसमें अमिताभ बच्चन से लेकर शशि कपूर और दिलीप कुमार जैसे अलग-अलग छवियों के लिए एक समान मंच पर जगह थी। अमिताभ बच्चन और शशि कपूर जैसे बेहतरीन संवाद अदायगी वाले नेता भी थे तो राजकुमार जैसे अभिनेता भी थे, जिनके हिस्से चाहे पटकथा लेखक कितने भी अच्छे संवाद लिखे लेकिन उसकी अदायगी वो 'राजकुमार' की तरह ही करते थे, कि शब्द चेहरे और भाव से टकरा कर लौट जाते थे। लेकिन अहम यह नहीं था कि राजकुमार ने संवाद अदायगी कैसे की। अहम यह था कि उनके हिस्से जो संवाद आया, उसके भाव

को देखा गया। राजनीतिक दलों के नेताओं के वादे-इरादे अहम थे न कि उन्होंने किस सभा में कैसा भाषण दिया।

हालांकि, आजाद भारत की राजनीति शुरू ही छवि मोह से हुई। आजादी के नायक ही भारत की सत्ता के पहले दावेदार माने गए। जवाहरलाल नेहरू से शुरू हुआ यह सफर आगे बढ़ता गया। नेहरू का छवि मोह इंदिरा गांधी में स्थानांतरित हुआ। इंदिरा गांधी औपनिवेशिक भारत की प्रतिरोधी व्यवस्था की उपज थीं तो सत्ता के साथ प्रतिरोध वाली छवि मुग्धता उनमें भी आई। वह छवि प्रबंधन नहीं, छवि हस्तांतरण का युग था। यानी वारिस कौन? पचास, साठ, सत्तर के दशक में जब हम इंदिरा गांधी के लिए पहली महिला प्रधानमंत्री का विशेषण लगाते थे, तब अंदाजा नहीं था कि आजादी के 75 साल बाद तक हमारे पास दूसरी महिला प्रधानमंत्री का नाम नहीं होगा।

आजादी के बाद दो दशकों में आधुनिक भारत, औपनिवेशिक नायकों पर सवाल उठा कर 'यह आजादी झूठी है' का नारा दिया गया। लोकतंत्र में वंशीय उत्तराधिकार हस्तांतरण पर आवाज उठी। जवाहर की छवि इंदिरा में देखने के बाद, इंदिरा के जवाहर के विपरीत आचरण करने के बाद जिस वंशीय उत्तराधिकार पर सबसे पहला सवाल उठा वह थे संजय गांधी। संजय गांधी को इंदिरा का सहज उत्तराधिकार मानने वाले एक तबके के खिलाफ एक राजनीतिक तबका सक्रिय हुआ और इसे लोकतंत्र के आदर्शों के विपरीत बताया। लेकिन, इंदिरा गांधी को अपनी गलती की पहचान भी हुई। जिस जनता ने उन्हें खारिज किया उसी जनता ने उन्हें माफ करते हुए सत्ता में वापस भी किया। इंदिरा गांधी की शहादत ने उनकी नायकत्व वाली छवि लौटा दी और इस देश की जनता ने पूरे मन से, प्रचंड बहुमत से राजीव गांधी को इंदिरा गांधी का उत्तराधिकारी घोषित किया। कौम ने इंदिरा की शहादत को वह इज्जत बख्शी जिसमें उनके गैर राजनीतिक छवि और रुचि वाले बेटे राजीव गांधी को खुशी-खुशी कबूल किया। राजीव गांधी की शहादत के बाद कांग्रेस उस मोड़ पर पहुंची कि अब कौन? जवाब था सोनिया गांधी, जो किसी भी तरह की राजनीतिक गतिविधि से दूर थीं तब तक। शहादत पर श्रद्धा इतनी मजबूत थी कि सोनिया गांधी को नेहरू परिवार की विरासत सौंप दी गई।

सोनिया गांधी की अगुआई तक कांग्रेस का एकछत्र राज खत्म हो चुका था। कांग्रेस से निकल कर ही कई क्षेत्रीय दल अपना सिक्का जमा चुके थे। यह वह दौर था जो कांग्रेस के आर्थिक वास्तुकार प्रणब मुखर्जी के बनाए नवउदारवाद की राह पर सरपट दौड़ रहा था। अब, उदारवाद का अग्रदूतीय चेहरा मनमोहन सिंह थे। राजनीति ने अपने विकास के लिए बाजार का सहारा लिया तो कुछ दूर जाने के बाद बाजार के कदम इतने तेज-तेज चलने लगे कि उसे जन्म देनेवाली पार्टी का हौसला पस्त होने

लगा। लेकिन, बाजार के इस हाईवे पर न कोई यू-टर्न था और न कोई पतली गली कि वापस मुड़ जाया जाए। राजनीति ने बदलाव की जिम्मेदारी बाजार के कंधों पर सौंप दी थी तो बदलाव का आना लाजिम था। बाजार से राब्ता नहीं बिठा पा रही जनता के सामने एक अपराधी भ्रष्टाचार खड़ा कर दिया गया और इसके साथ ही वंशीय उत्तराधिकार को दुश्मन नंबर एक बताया गया।

बाजार के लिए वंशीय उत्तराधिकार मुफीद भी नहीं होता है। बाजार का बीज वाक्य है ब्रांड। बाजार ने तय किया कि राजनीति का ब्रांड हस्तांतरित नहीं निर्मित होगा। किसी फलां एंड संस वाली नहीं आ गया बिल्कुल नया, नया आविष्कार जैसा। इसकी खासियत ही यही है कि हमारी कोई शाखा नहीं है। ब्रांड की राजनीति की पहली शर्त है कि छवि पर कोई आंच नहीं आनी चाहिए। भ्रष्टाचार, घोटाला, बेरोगजारी, महामारी, ट्रेन हादसे होंगे अभी भी, लेकिन इसके दाग को लेकर न तो कोई जिम्मेदारी होगी न कोई इस्तीफा। समस्या की जिम्मेदारी एक शून्य पर होगी, क्योंकि उसे ब्रांड तक पहुंचने नहीं दिया जाएगा।

बाजार की राह वाली राजनीति और ब्रांड के सूर्योदय के साथ 2014 की राजनीति के पटल में सत्ता परिवर्तन के पहले एक नाम उभरता है प्रशांत किशोर का। एक छवि प्रबंधन कंपनी के अगुआ प्रशांत किशोर टीवी पर आने वाले वैसे ही विज्ञापनों को राजनीति में ला रहे थे कि पहले मैं बहुत परेशान था, मैं ठीक से खड़ा भी नहीं हो पाता था, मैं जीवन से पूरी तरह निराश हो चुका था, फिर मैंने फलां कंपनी की दवा खाई और फलां मैराथन दौड़ को जीत लिया। तो प्रशांत किशोर की कंपनी दावा कर रही थी कि हमसे सिर्फ वही लोग मिलें जो राजनीतिक छवि को लेकर पूरी तरह से निराश हों। हम आपको सत्ता में आने की पूरी गारंटी देते हैं। और, अगर आप इस क्षेत्र में नए हैं तो हमारे लिए सबसे मुफीद हैं।

2014 में भाजपा ने अपने ब्रांड के लिए वो चेहरा तय कर लिया जिसका नाम लेने से वो परहेज करती थी। लेकिन नई राजनीति के वास्तुकारों को समझ आ चुकी थी कि यही वह चेहरा है जो भारत में ब्रांड की राजनीति का ब्रांड अंबेसडर होगा। अब जैसे विज्ञापनों में दिखाते हैं कि आपका पुराना साबुन और नया साबुन में क्या फर्क होता है। जो जांच दुनिया के किसी वैज्ञानिक ने नहीं कर रखी होती है वो विज्ञापन के कलाकार एक सफेद एप्रन पहन कर स्टूडियो में कर देते हैं। अदाकार सफेद एप्रन पहन कर बता देती है कि फलां 'फ्लोर क्लीनर' फिनायल से कितने गुणा ज्यादा बैक्टीरिया मार देता है। फलां साबुन किस तरह कपड़ों के बैक्टीरिया पर हमला कर देता है। वह दूसरी बात है कि टीवी स्क्रीन पर बहुत ही महीन अक्षर में लिखा होता है कि यह कोई वैज्ञानिक नहीं बल्कि रचनात्मक प्रक्रिया है। जनता अपनी सामान्य

आंखों से यह नहीं पढ़ पाएगी कि जब वह फिनायल को छोड़ कर महंगा फ्लोर क्लीनर लाएगी तो उसके घर की सफाई पर खुशबू के सिवा कुछ ज्यादा फर्क नहीं पड़ेगा। पारंपरिक लोकतंत्र की राजनीति का बाजार की राजनीति में परिवर्तन उपभोक्ता के रूप में इसी फिनायल से 'फ्लोर क्लीनर' का सफर है। चमकते आकर्षक डिब्बे में नए रंग और खुशबू के साथ 'फ्लोर क्लीनर' सफाई की गुणवत्ता भले पहले जैसी रखे, लेकिन उसकी खुशबू उपभोक्ता को खुशफहमी देती है कि घर की सफाई में क्रांति आ गई। साधारण फिनायल से पांच गुणा ज्यादा पैसा खर्च करने के बाद एक भी बैक्टीरिया नहीं बचेगा। उत्पादों की ब्रांडिंग का यह फॉर्मूला पॉलिटिकल ब्रांडिंग में भी आया।

जिस तरह बीसवीं सदी में लोकतंत्र का मूल्य व्यवस्था की तरह दुनिया के ज्यादातर देशों में पहुंचा, वहीं इक्कीसवीं सदी में लचर हो रहे लोकतंत्र के रंग-रोगन के लिए पॉलिटिकल ब्रांडिंग आई। 2010 तक दुनिया के कई देशों में पॉलीटिकल ब्रांडिंग मतदाताओं को एक ऐसे उपभोक्ता में बदल चुकी थी जिसकी निर्णय क्षमता को बाजार का प्रचारतंत्र प्रभावित करता है। उपभोक्ता के सामने एक उत्पाद की जरूरत की निर्मिति होती है। बेरोजगारी और महंगाई से जूझ रहे ज्यादातर लोकतांत्रिक देशों के पास 'पॉलिटिकल ब्रांडिंग' के अलावा कोई विकल्प नहीं बचा था। हालांकि, इस विकल्प की भी एक सीमा है। इस विकल्प में सिर्फ सत्ता परिवर्तन हो रहा है, महंगाई-बेरोजगारी जैसी समस्याओं का हल नहीं निकल रहा है। अमेरिका में बराक ओबामा की ब्रांडिंग सब कुछ बदल देंगे वाले नेता के तौर पर ऐसी की गई कि शांति के नोबेल पुरस्कार का समर्पण उनके सामने करवाया गया। अमेरिका के राष्ट्रपति के दो कार्यकाल के रूप में यह ब्रांड सफल भी हुआ, लेकिन वे भी जनता की किसी समस्या का हल नहीं दे गए। शांति के नोबेल से लेकर 'ओबामा केयर' तक का गुब्बारा ऐसा फूटा कि जनता ने अशांति के अग्रदूत डोनाल्ड ट्रंप को सत्ता सौंप दी। डोनाल्ड ट्रंप के कार्यकाल का हश्र कैपिटॉल हिल पर मैं गद्दी नहीं छोड़ूंगा के वीभत्स दृश्य से हुआ, जिसे अमेरिका के लोकतंत्र पर धब्बा कहा गया। डोनाल्ड ट्रंप के समय एक शब्द 'ट्रंपवाद' भी आया। कहा गया कि ट्रंप की सत्ता चली गई लेकिन 'ट्रंपवाद' मौजूद रहेगा। और अब वही क्या है ट्रंपवाद? राहुल गांधी के छवि भंजन पर आने से पहले हम इस ट्रंपवाद को समझते हैं। ट्रंपवाद का मतलब है जो बाइडेन का मामूली अंतर से जीतना। ट्रंपवाद का मतलब है जो बाइडेन के बरअक्स उन अश्वेत समुदाय का भी ट्रंप को वोट देना जिनके खिलाफ ट्रंप की शुरुआती राजनीति थी। जिस 'ब्लैक लाइव्स मैटर' को अमेरिकी राजनीति में बड़ी क्रांति माना जा रहा था, वह ट्रंप की राजनीति के संदर्भ में कोई प्रतिक्रांति नहीं ला पाया था। जब 'ब्लैक

लाइव्स मैटर' को ट्रंप की सोच वाली राजनीति के ताबूत का आखिरी कील माना जा रहा था तो अश्वेत समुदाय ने अपने वोट के जरिए ट्रंप को आगे की अमेरिकी राजनीति के लिए भी प्रासंगिक बना दिया। आधे से ज्यादा अमेरिकी जब ट्रंप के लिए वोट कर रहे थे तो उदारवादी देशों के चुनावी विश्लेषक चौंक रहे थे। कोविड महामारी के प्रबंधन में ट्रंप की सरकार को नाकारी माना गया था। दुनिया भर के थिंकटैंक तब नाकारे साबित हुए जब बाइडेन को अमेरिका की 48 फीसद जनता ने नकार दिया। अब तो सभी थिंक टैंक यह मानते हैं कि कोरोना की नाकामी नहीं हुई होती तो ट्रंप का दुबारा आना तय था।

मुक्त व्यापार, उदारता, प्रवासी शरण पर अनुदार ट्रंप को जनता वोट क्यों दे रही थी? पहचान की राजनीति के चरम पर 'ब्लैक्स लाइव्स मैटर' भी ट्रंप को महत्त्वपूर्ण क्यों मान रहा था। पहचान की राजनीति ट्रंप पर जिस समुदाय के शोषण और अपमान का आरोप लगा रही थी वह ट्रंप के साथ क्यों थी? क्योंकि ट्रंप बाजार के इस सिद्धांत पर भरोसा कर रहे थे कि जनता की बेहतरी तो इस ढांचे के बस की बात है नहीं, लेकिन जनता को बेहतरी की उम्मीद को लेकर कट्टर बना दिया जा सकता है। कट्टरता इस संदर्भ में कि जो ये करेंगे वही बेहतर करेंगे। अगर नए के पास समाधान नहीं है तो नायकत्व का यही जरिया है कि पुराने की छवि का विखंडन किया जाए। नए के हाथ खाली हैं तो इसके लिए पुराने को कठघरे में खड़ा किया जाए।

ऐसा ही कुछ भारत में भी हो रहा था। भ्रष्टाचार पर वार के नारे के साथ भाजपा सत्ता में आई। संघ की पृष्ठभूमि वाले यानी परिवार के बंधनों से दूर रहे नेताओं ने परिवार को भ्रष्टाचार का आधार बना दिया। इस देश में खलनायक परिवार की प्रतिनिधि कांग्रेस को बनाया गया और इसके साथ ही शुरू हुआ राहुल गांधी का छवि भंजन। छवि प्रबंधन के युग में सत्ता पक्ष ने छवि भंजन के लिए उन्हें चुना। राहुल की तरफ से इसका प्रतिवाद हुआ। लेकिन, उनकी छवि वापसी के रणनीतिकारों ने उन्हें उसी मैदान पर खड़ा कर दिया जहां से सत्ता पक्ष उन पर वार करता रहा है। सबसे पहले उन्हें हिंदुत्व के मैदान में उतार दिया गया जिसकी फिलहाल पहली से लेकर आखिरी दावेदारी भाजपा की है। सार्वजनिक रूप से जनेऊ दिखाने और अन्य कारणों से वे आलोचना के दायरे में आए, लेकिन धीरे-धीरे उन्होंने इसे लेकर भी सहजता हासिल की। कुछ हद तक राहुल गांधी ने देश के हिंदुओं को भाजपा वाले कट्टर और उदार हिंदुओं में विभाजित करने में सफलता पाई। भाजपा के धर्म की धुरी पर ही घूर्णन करते रहने से एक तबका सवालयाफ्ता हुआ कि आखिर कब तक?

इसके बाद राहुल ने राजनीति में वह कदम उठाया जिसने उन्हें एक अखिल

भारतीय राजनेता के रूप में स्थापित किया। 'भारत जोड़ो यात्रा' में पैदल चलने का फैसला लेना एक साहसिक कदम था। राहुल गांधी यह अच्छे से समझ चुके थे कि जिस मीडिया ने उन्हें भारत की राजनीति से खारिज करने का मंच तैयार किया, उसके जरिए तो वह अपनी पहचान नहीं ही बना सकते हैं। इसलिए उन्होंने उस मंच पर जाने का फैसला किया, जहां से मीडिया नदारद था, यानी सड़क पर। सड़क पर पैदल चल वह कन्याकुमारी से लेकर कश्मीर तक हर घर दस्तक देने पहुंचे। राहुल गांधी असल में क्या है यह लोगों ने जाना। सड़क की पाठशाला में राहुल ने सीखा कि राजनीति क्या है? राजनीति में वही छवि टिकती है जिसके लिए संघर्ष किया जाता है। राजनीति सिर्फ चुनावी सीटें जीतना और सीटों का गठबंधन भर नहीं है। भारत जोड़ो यात्रा से ही राहुल को अहसास हुआ कि सिर्फ जो जीता वही सिकंदर नहीं होता है बल्कि आदर्श की रणनीति के साथ जंग लड़ने का जज्बा होकर जंग में मौजूद रहने वालों की भी एक विजयगाथा होती है।

'भारत जोड़ो यात्रा' शुरू होने के कुछ दिनों बाद ही राहुल की राजनीतिक छवि में आश्चर्यजनक परिवर्तन हुआ। मौसम की मार सहते हुए, नफरत की राजनीति के खिलाफ बात करते हुए राहुल 'नेता मोहब्बत वाला' के रूप में स्थापित हुए और भारतीय राजनीति को 'मोहब्बत की दुकान' का नया मुहावरा मिला।

2019 के बाद और भारत जोड़ो यात्रा के दौरान कांग्रेस को पहली खुशी हिमाचल प्रदेश से मिली थी, जिसे उसने पुरानी पेंशन योजना के आधार पर लड़ा था। पूरी भारत जोड़ो यात्रा के दौरान राहुल गांधी महंगाई और बेरोजगारी की बात करते रहे। इस बीच उन्होंने जाति जनगणना का मुद्दा उठाया जो बिहार से लेकर दक्षिण भारत के लिए मास्टर स्ट्रोक बताया गया। लेकिन बेहतर यह होता कि वह अर्थव्यवस्था और रोजगार सृजन की गारंटी के मुद्दों पर टिके रहते। देश में रोजगार एक ऐसे संकुचन की स्थिति में पहुंच गया है कि अब आपको आरक्षण से ज्यादार रोजगार सृजन की बात करनी होगी। जब नौकरियां ही नहीं होंगी तो आरक्षण से ही समस्या का कितना समाधान हो सकता है? बिहार में जाति जनगणना के आंकड़े आ भी गए। शुरुआती दौर के हल्ले के बाद हर कोई यह आंकड़ा भूल गया कि बिहार में कितने ब्राह्मण हैं, कितने भूमिहार, तो राजपूत कैसे नाममात्र रह गए हैं। आज अगर कोई मुद्दा बचा है तो पांच लाख की नौकरी का जिसका श्रेय लेने के लिए तेजस्वी यादव और नीतीश कुमार के बीच होड़ मची थी।

निजी क्षेत्र में आरक्षण की अवधारणा अभी नहीं है और सरकारी क्षेत्र सिकुड़ने लगे हैं। उसी सिकुड़े क्षेत्र में हर तरह के आरक्षण का दायरा बढ़ा कर समाज में एक ऐसी गहरी खाई पैदा हो रही है, जिस पर अभी तवज्जो की दरकार है। हालांकि, राहुल गांधी ने 2024 के घोषणा-पत्र में रोजगार सृजन के वादों का पूरा ध्यान रखा

और 2024 में कांग्रेस को विपक्ष के रूप में वापसी मिली तो इसी रोजगार की राह से ही मिली। मंडल से लेकर कमंडल तक के मजबूत खिलाड़ी पहले से ही मौजूद हैं। पूंजीवाद का ढांचा जब अपने चरम पर पहुंच चुका है और आगे कैसे बढ़ा जाए का जवाब उसके पास भी नहीं है तो वह राजनीति ही है जो नया ढांचा बना सकती है। राहुल गांधी यह समझ चुके हैं इसलिए वह खुद ही कांग्रेस के पुराने ढांचे पर वार कर रहे हैं।

मैं ही माध्यम हूं

राहुल गांधी का विश्लेषण मुख्यधारा के मीडिया से उनके रिश्ते की चर्चा के बिना अधूरा है। मीडिया जिसे कि पारंपरिक भाषा में पत्रकारिता कहते हैं उसकी बुनियाद में है सत्ता से सवाल करना। लेकिन 2014 के बाद एक ऐसा माहौल बना दिया गया कि भाजपा ने केंद्र की सत्ता संभाल कर इस देश के चारों खंभों पर अहसान किया है, और खास कर चौथे खंभे को अब उससे सवाल पूछना भी है तो इस तरह का कि वह विपक्ष पर इतनी हमलावर कैसे हो जाती है? मीडिया ने इस तरह का व्यवहार किया जैसे इस देश में इससे पहले बड़ा सत्ता परिवर्तन हुआ ही नहीं है। मीडिया के लिए सत्ता से सवाल पूछना मना था तो उसने इसके लिए राहुल गांधी को चुना। राहुल गांधी की छवि एक वंशवादी खलनायक के रूप में पेश की गई और दावा कर दिया गया कि भारतीय राजनीति में उनका अस्तित्व खत्म हो चुका है।

मीडिया के माध्यम से जिस तरह राहुल गांधी की छवि खराब की गई, वह कटुता अब उनमें साफ-साफ दिखती है। इसलिए, वह अपने हर प्रेस कॉन्फ्रेंस में पत्रकारों से लेकर मीडिया के मालिकों तक पर तल्खी से सवाल उठाते हैं। रोचक यह है कि उन्हें कुछ नहीं बताने वाला मीडिया उन्हें नरेंद्र मोदी का एकमात्र प्रतिद्वंद्वी भी मानता है। राहुल गांधी को पता है कि मुख्यधारा का मीडिया फिलहाल उनका नहीं हो सकता इसलिए उन्होंने मीडिया की परवाह करनी छोड़ दी है। हालांकि, मीडिया पर राहुल गांधी के इस अंदाज-ए-बयां पर कई चैनलों पर समाचार प्रस्तोता काफी गुस्सा करते दिखते हैं, लेकिन राहुल गांधी ने खुद को पूरी तरह जनता के भरोसे छोड़ दिया है। राहुल गांधी की छवि पर एकतरफा वार करने के कारण मीडिया ने अपनी छवि तो गंवा ही दी है और हालत यह है कि अब सत्ता के खेमे में भी मीडिया को कुछ नहीं समझा जा रहा है। यानी उसके पास सत्ता के साथ कदमताल करने के अलावा कुछ नहीं बचा है। राहुल गांधी तो भारतीय राजनीति में एक छवि स्थापित कर चुके हैं, लेकिन पत्रकारिता को अपनी छवि वापस मिलेगी या नहीं इसकी कोई भविष्यवाणी नहीं की जा सकती है।

भारतीय राजनीति में बीता एक दशक नरेंद्र मोदी के नाम रहा। राहुल गांधी ने नरेंद्र मोदी के सामने मैदान में डटे रह कर बहुत कुछ खत्म होने से भी बचाया है, जिसे लब्बोलुआब में लोकतंत्र कहते हैं। इस एक दशक की कहानी के एकमात्र नायक अब सिर्फ नरेंद्र मोदी नहीं रह गए हैं। सत्ता से दूर, संगठनात्मक रूप से कांग्रेस पार्टी के शून्य होने के बावजूद राहुल गांधी ने वजूद की लड़ाई लड़ी। भट्टा पारसौल से लेकर 2024 के लोकसभा चुनाव तक वे उस 'आदर्श' को लाए जिसे मीडिया ने अगंभीर, अव्यावहारिक, अपरिपक्व यानी लब्बोलुआब में 'पप्पू' कहा। यह सत्ता पक्ष की 'कुछ नहीं है' क्रिया को लेकर राहुल गांधी की प्रतिक्रिया थी जो उन्हें बहुत कुछ बना गयी।

राहुल गांधी की लड़ाई विपक्ष के नेता के रूप में सिर्फ सत्ता पक्ष से नहीं थी। मुख्यधारा का मीडिया जिस अभूतपूर्व तरीके से उनके खिलाफ हुआ वह इतिहास के पन्नों पर नया था। मुख्यधारा के मीडिया ने उनके प्रति इतनी नफरत निकाली कि यह संस्था खुद नफरत का प्रतीक बन गई और राहुल, 'नेता मोहब्बत वाला' का खिताब ले अपनी राजनीति को खड़ा कर पाए। मीडिया को खारिज कर उन्होंने कहा—मैं ही माध्यम हूं। यह तो इतिहास के पन्नों पर सवाल होगा कि राहुल गांधी की लड़ाई सत्ता पक्ष के खिलाफ बड़ी थी या मीडिया से?

आज राहुल गांधी जिन नेताओं के सामने खड़े हैं उनमें से ज्यादातर सत्तर पार के हैं। हालांकि विरोधी व्यंग्य में राहुल गांधी को पचास साल का युवा नेता बताते हैं। सच तो यह है कि भारतीय राजनीति के संदर्भ में वह युवा नेता हैं। आज वह भाजपा के जिन नेताओं का मुकाबला कर रहे हैं भाजपा के नियमानुसार ही वे वरिष्ठ नागरिक हैं और मार्गदर्शक होने की योग्यता रखते हैं। राहुल और इन नेताओं के बीच एक पीढ़ीगत खाई भी है। राहुल के हाव-भाव, गुस्सा, जोखिम भरे फैसले लेना उनकी पीढ़ी का गुणसूत्र सा है। असफलताओं की लंबी कतार के साथ राहुल जिस तरह डटे हुए हैं वह उन्हें भारतीय राजनीति में खारिज से लेकर हाजिर व जाहिर की ओर ले जाता है। राहुल गांधी ने खुद को तैयार करने के लिए वक्त लिया है और अभी उनके पास वक्त है भी। देखना है कि आने वाले वक्त पर उनके राजनीतिक दस्तखत कितने सशक्त होते हैं।

2024 का हासिल : राहुल गांधी

जो जीता वही सिकंदर, आम तौर पर इस मुहावरे का इस्तेमाल सत्ता में पहुंचे पक्ष की ओर से उसे खारिज करने के लिए इस्तेमाल किया जाता है, जिसे जनता ने विपक्ष का तमगा दिया होता है। लेकिन, लोकतंत्र का व्याकरण राजशाही वाले दौर के सिकंदर

की अवधारणा को खारिज करता है। लोकतंत्र की परिधि में जनता सिकंदर के कई केंद्र बनाती है। सिकंदर के सामने सिकंदर (विपक्ष) तो सिकंदर के साथ भी सिकंदर (गठबंधन) रख देती है। जनता ने 2024 के लोकसभा चुनाव का नतीजा इसी तरह का सिकंदर ही सिकंदर वाला दिया है। भारत के भूगोल के कई राजनीतिक नक्शों पर एक-एक सिकंदर खड़ा कर दिया है, यानी विपक्ष की वापसी। 2024 के चुनावी नतीजों के लिए एक बड़ा हासिल है विपक्ष यानी कि राहुल गांधी।

राहुल गांधी ने चालीस की उम्र के आस-पास अपना सक्रिय राजनीतिक सफर शुरू किया था। तब राजनीति के वरिष्ठों ने उन्हें अपरिपक्व कहा तो यह बात समझ में आती है। जब सत्तर साल से ऊपर के व्यक्ति को राजनीति में युवा माना जाता है तो वह राहुल गांधी के राजनीतिक जीवन की शुरुआत थी। लेकिन, जब स्वयंभू अजेय वरिष्ठ को राहुल गांधी से खतरा महसूस होने लगा तो अपरिपक्वता के साथ अपमान और गढ़ी हुई बेवकूफी को भी जोड़ दिया गया। राहुल गांधी के साथ एक 'पप्पू' की पर्ची लगा कर सत्ता पक्ष के प्रवक्ताओं को पकड़ा दी गई।

सत्ता की पहली पारी के दौरान विपक्ष में बैठे राहुल गांधी यह गलती करते रहे कि मीडिया के जिस मंच से उनकी पीठ पर पप्पू की पर्ची चिपकाई गई थी उसी पर सफाई देने की कोशिश करते रहे। सत्ता की दूसरी पारी के उफान पर राहुल गांधी ने मुख्यधारा के मीडिया के मंच को नकार कर जन-जन तक पहुंचने का संकल्प लिया। जन-जन तक पहुंचने की राहुल की सोच की कोख से कन्याकुमारी से लेकर कश्मीर तक की भारत जोड़ो यात्रा का जन्म हुआ। जब राहुल सड़क यात्रा से लोगों के घर-घर पहुंचने लगे, तो लोगों ने खुद ही उनकी पीठ पर प्यार और माथे पर आगे बढ़ो का हौसला लिखना शुरू कर दिया। टीवी के प्रस्तोताओं और सरकार के प्रवक्ताओं के बरअक्स जनता को एक सुलझा हुआ नेता मिला जो उन आदर्शों की बात कर रहा था जिसे राजनीति में खारिज मान लिया गया था। क्या बच्चे, क्या बुजुर्ग और क्या युवा, 'नेता मोहब्बत वाला' का कारवां सितंबर 2022 से लेकर जनवरी 2023 तक आगे बढ़ता गया। दूसरी न्याय यात्रा 14 जनवरी 2024 से लेकर 16 मार्च 2024 तक चली। अपनी यात्राओं से गांव-गांव तक पहुंच कर राहुल गांधी ने टीवी की छवि के उलट जो पहचान बनाई उसी का नतीजा है कि 2024 के लोकसभा चुनाव में भारतीय जनता पार्टी ग्रामीण इलाकों में पिछड़ गई। जिन जगहों पर राहुल गांधी की भारत जोड़ो यात्रा और भारत जोड़ो न्याय यात्रा गुजरी वहां कांग्रेस और उसके सहयोगियों को 41 सीटों पर जीत मिली।

चुनाव नतीजे आने के बाद राहुल गांधी ने जो परिपक्व चेहरा दिखाया, उसे देख कर लगता है कि यात्राओं ने उन्हें सच में बदल दिया है। सरकार बनाने की

तिकड़मबाजी न दिखाते हुए विपक्ष के तमगे से खुश हुए। कौन, किसको समर्थन देगा के बीच प्रेस कॉन्फ्रेंस कर एग्जिट पोल और शेयर बाजार से जुड़े घोटाले का आरोप लगा मुखरता से बोलते हुए इसके लिए संयुक्त संसदीय समिति से जांच की मांग की। सूर्योदय के वक्त इसकी सरकार तो सूर्यास्त के वक्त उसकी सरकार और सरकारी एजंसियों की जांच के डर से इधर-उधर कर रहे नेताओं के बीच राहुल गांधी ने कांग्रेस के बचे-खुचे संसाधनों के साथ जो किया उसे 'राजनीति' कहते हैं। बजरिए राहुल गांधी भारतीय लोकतंत्र में राजनीति की वापसी हुई है।

2014 से लेकर 2024 तक राहुल गांधी तो बदल गए लेकिन अपने आस-पास के लोगों को नहीं बदल पाए। बहुमत से गठबंधन में आने वाले नेता मजाक कर रहे कि हारने के बाद कौन इतना खुश होता है। राहुल इसलिए खुश हैं क्योंकि उन्हें लड़ना और टिकना आ गया है। वो जान गए हैं कि आगे 99 को बढ़ा कर दो सौ से तीन सौ तक किया जा सकता है। उन्हें मिला 99 आगे बढ़ने के लिए प्रोत्साहन पुरस्कार है जिसे उन्होंने स्वीकार किया है।

2024 का हासिल यह है कि आगे की राजनीति में सत्ता पक्ष पहले से मजबूत और राहुल गांधी पहले से कमजोर दुश्मन का मुकाबला करेंगे। 2024 के पूरे चुनाव प्रचार में सत्ता पक्ष जनता को गठबंधन सरकार से डराता रहा तो राहुल गांधी की वजह से अब वह इसी बंधन में आ गया है। कांग्रेस को गठबंधन सरकार का तजुर्बा है और उसने पांच दशक तक इसी तरह सरकार चलाई। नरसिंह राव के समय से ही कमजोर संख्या के साथ सरकार चलाने का अनुभव रहा है। 2014 के बाद नरेंद्र मोदी की अगुआई वाली भाजपा को न तेरह दिन का तजुर्बा है, न सवा साल और न पांच साल का।

सत्ता पक्ष और विपक्ष वाले राहुल में एक फर्क हो चुका है। एक तरफ तो सूरज सुबह निकल कर दिन की ऊंचाई तक पहुंच गया है। दूसरी तरफ सूरज जो ऊंचाई पर है वह शाम की तरफ बढ़ रहा है। राहुल गांधी सुबह ग्यारह बजे के सूरज हैं तो नरेंद्र मोदी दोपहर तीन बजे के। 2024 में भारतीय राजनीति को जनता ने सुबह-शाम का यह फर्क समझा दिया है। राहुल को ऊंचाई पर पहुंचना है और नरेंद्र मोदी को अपने उतार को रोकना है। जनता ने दोनों पक्षों को आने वाले समय की लड़ाई का लक्ष्य दे दिया है।

अनुक्रम

2014 के आम चुनावों में कांग्रेस की सत्ता के पतन के साथ राहुल गांधी की निजी छवि का भी पतन हुआ। उनकी छवि के खिलाफ ऐसी नफरत फैली कि उन्हें भारतीय सियासत से खारिज ही माना जा रहा था। 'राहुल कहां हैं' जैसे अपराध-गल्प की तरह के किस्से गंभीर राजनीतिक स्तंभों का हिस्सा बन चुके थे। उनके खिलाफ नफरत का आलम था कि उनका नाम लेने के पहले समाचार प्रस्तोता के मुंह से गाली निकल गई थी। अब जब, राहुल गांधी सड़क पर हैं तो टिप्पणीकार उसके सियासी फायदे का तुरंता असर नहीं दिखने पर उन्हें खारिज कर रहे हैं। टिप्पणीकारों के जैसे सवाल वापसी का दौर आ गया हो और वे राहुल गांधी को बार-बार चुनावी नतीजे दिखा कर कह रहे कि सड़क पर निकलने से कुछ नहीं होगा गुजरात में चुनाव क्यों नहीं जीता? नफरत के शिकार राहुल जब स्वयंभू नेता मोहब्बत वाला बन चुके हैं तो सियासी स्तंभ उन्हें लेकर और कटु हो रहे हैं। राहुल गांधी के इस चल-चित्र पर बेबाक बोल।

नेता मोहब्बत वाला!

तुंदी-ए-बाद-ए-मुखालिफ से
न घबरा ऐ उकाब
ये तो चलती है तुझे
ऊंचा उड़ाने के लिए

—सय्यद सादिक हुसैन

आज 2022 का आखिरी दिन है, साल का आखिरी स्तंभ। गुजिश्ता साल की सबसे बड़ी उपलब्धि यही दिख रही कि काम-धंधे से कोरोना की मंदी छट गई है। हवाईअड्डों पर उमड़ी भीड़ ने बता दिया था कि पर्यटन स्थल गुलजार हो गए हैं। टिकट खिड़की से लेकर मंदिर के दर तक कतार ही कतार है। यात्रियों के भरोसे चलने वाले उद्योग खुश हैं कि कमाई के दिन लौट आए। वहीं कुछ यात्री ऐसे भी हैं जिन्होंने राजनीतिक टिप्पणीकारों के स्तंभ से सरोकारी शब्दों की मंदी का मंजर हटा दिया है। सड़क पर निकले उस यात्री का शुक्रिया, जिन्होंने टिप्पणीकारों के तीखे सवाल और तेवर लौटाए। राजनीतिक टीका में सवाल और सलाह के पुनर्जन्म का उत्सवी माहौल देख कर लगता ही नहीं कि यही लोग दिन में 108 बार कहीं कोई विकल्प नहीं यानी 'टीना' का जाप किया करते थे।

साल का अंत आते-आते राहुल गांधी ने राजनीतिक टिप्पणीकारों की मौज करवा दी है। भले ही कोई गोवा, मलेशिया, बाली, मालदीव में छुट्टी मनाने पहुंच गया हो लेकिन राहुल गांधी के मामले में 'काम ही पूजा' का दर्शन अपनाया जा सकता है और ट्वीट से लेकर आनलाइन वार्तालाप किया जा सकता है। दक्षिण भारत से राहुल गांधी की 'भारत जोड़ो यात्रा' शुरू होने के बाद जिन स्तंभों में उसे हिकारत की दृष्टि से खारिज किया जा रहा था दिल्ली पहुंचते ही एक हंगामा सा बरपा दिख गया। राहुल की यात्रा को हर कोई अपने तरीके से परिभाषित करना चाहता है। यात्रा में राहुल को क्या करना चाहिए, क्या

नहीं करना चाहिए सरीखे ऐसे लेख लिखे जा रहे हैं जो एक-दूसरे की नकल-प्रति दिख रहे हैं।

आखिर क्या कारण है कि राजनीतिक हस्ती से सवालों को संग्रहालय में रख आए लोगों के पास राहुल गांधी के लिए हजारों सवाल हैं। इसलिए कि उन्हें पता है, प्रखर पत्रकारिता दिखाने के लिए पूर्व कांग्रेस अध्यक्ष सबसे सुरक्षित लक्ष्य हैं। उनके पास पूरी स्वतंत्रता है, राहुल गांधी के बारे में कुछ भी लिख सकने की।

कुछ ही दिनों पहले की बात है कि टीवी चैनल पर बहस के दौरान वरिष्ठ समाचार प्रस्तोता के मुंह से राहुल गांधी के लिए गाली तक निकल गई थी। याद करिए, इसके पहले ऐसा कब हुआ था कि किसी राष्ट्रीय पार्टी के पूर्व अध्यक्ष, विपक्ष का चेहरा, सांसद, प्रधानमंत्री पद के उम्मीदवार के लिए समाचार प्रस्तोता के मुंह से गाली निकल जाए। हालांकि, समाचार प्रस्तोता ने अपनी इस हरकत के लिए माफी मांगी थी।

जब राहुल गांधी कहते हैं कि मेरी यात्रा नफरत के खिलाफ है तो वही लोग यकीन नहीं करते हैं जो टीवी से लेकर अखबार तक में उनके लिए 'पप्पू' जैसे असंसदीय शब्द लिख कर, बोल कर उनके खिलाफ नफरत का इजहार करते हैं। इस तरह की नफरत के खिलाफ वही यात्रा निकाल सकता है जो इसका शिकार हो। जनसंचार के हर मंच से नफरत झेल रहे राहुल को जब सड़क पर जनता का प्यार मिलता दिख रहा है तो इसकी खुशी को भी फिलहाल सिर्फ राहुल गांधी ही समझ सकते हैं।

सड़क पर राहुल गांधी को देख कर शुरू में जिस तरह से शाब्दिक नफरत उड़ेली जा रही थी, उसने 2020 में सड़क पर चल रहे मजदूरों की याद दिला दी जो कोरोना के कारण अपने गृह-प्रदेश जाने के लिए मजबूर हुए थे। उस वक्त अपने घरों में सुकून से बैठे लोगों के लिए सरकार से सवाल नहीं था बल्कि उनके लिए मजदूरों का सड़क पर निकलना बवाल था। सरकार पर पूरा भरोसा था, लेकिन मजदूरों पर गुस्सा था कि वे कोरोना फैला देंगे। धीरे-धीरे मजदूरों के पक्ष में लोग आने शुरू हुए, और सड़क पर चल रहे मजदूरों को मनुष्यता की नजर से देखा जाने लगा।

लेकिन, राजनीतिक टिप्पणीकार अभी भी राहुल गांधी को एक राजनीतिक अपराधी की तरह ही देख रहे हैं कि बताइए इस यात्रा का नतीजा क्या रहा? अरे यात्रा गुजरात में तो गई नहीं वहां चुनाव था तो क्या मतलब, बिहार में नहीं गई, उत्तर प्रदेश में छू कर निकल गए तो क्या किए? विपक्ष के लोग आपके साथ क्यों नहीं? राहुल गांधी अपनी यात्रा को लेकर लगातार कह रहे हैं कि नफरत कम कर रहा हूं,

तो शायद यह लक्ष्य राजनीतिक टिप्पणीकारों के पाठ्यक्रम से बाहर का हो गया है। शायद राजनीति का मतलब संसदीय चुनाव जीतना, जोड़-तोड़ कर सरकार बनाना रह गया है। बिना चुनावी सीट जीते यात्रा का भला क्या मतलब हो सकता है?

मजेदार बात यह है कि राहुल गांधी की यात्रा पर क्या छप रहा है, क्या दिख रहा है इसकी कोई चिंता नहीं कर रहा है। खुद राहुल गांधी ही नहीं कर रहे हैं। यही बात अहम है कि राहुल गांधी इन सवालों की चिंता नहीं कर रहे जो टिप्पणीकार पूछ रहे कि यात्रा का हासिल-ए-चुनाव क्या है।

यात्रा आधी से ज्यादा पूरी हो गई है और उसके कश्मीर पहुंचने की तैयारी हो चुकी है। अभी तक यात्रा को लेकर राहुल का मकसद साफ दिख रहा है कि कांग्रेस की सर्वधर्म सद्भाव वाली बुनियाद पर टिके हुए हैं। मंदिर-मस्जिद, गिरजाघर जाकर हिंदू-मुसलिम-सिख-ईसाई सब हैं भाई-भाई वाले परिदृश्य में गुम हो चुके सुर को आलाप देने की कोशिश कर रहे हैं।

दिल्ली में राहुल ने वह भी किया, जिसकी उम्मीद तक कौन बनेगा फलां-फलां की भविष्यवाणी करनेवाले राजनीतिक पत्रकारों व टिप्पणीकारों ने नहीं की थी। राहुल गांधी पूर्व प्रधानमंत्री अटल बिहारी वाजपेयी की समाधि पर गए। कुछ समय से पूर्व प्रधानमंत्रियों व विपक्ष के नेताओं की छवि धूमिल करने की जो प्रवृत्ति चल रही है, राहुल ने पीछे से उनकी पीठ पर भी धप्पा दे दिया है। राहुल हर उस हवा के खिलाफ जा रहे हैं जिसका रुख राजनीतिक टिप्पणीकारों ने तय किया है।

2014 का आम चुनाव हारने के बाद कांग्रेस से सबसे ज्यादा सवाल सड़क और संगठनात्मक स्तर पर ही किए जा रहे थे। कहा जा रहा था कि बिना संगठनात्मक ढांचा सुधारे, सड़क पर उतरे कांग्रेस का कुछ नहीं हो सकता। और, यह सवाल सटीक था, इससे भटकने की जरूरत भी नहीं थी। लेकिन, अब इन सवालों को समझ कर राहुल सड़क पर उतर चुके हैं, कांग्रेस को गांधी परिवार के बाहर का अध्यक्ष मिल चुका है, संगठन को दुरुस्त करने की कवायद हो रही है तो फिर 'भारत जोड़ो यात्रा' को चुनावी सीटों के आंकड़ों पर खारिज क्यों किया जा रहा है।

राजनीतिक टिप्पणी के स्तंभ को हर हफ्ते आना होता है, टीवी पर परिचर्चा रोज होनी होती है, लेकिन राजनीतिक पर्यावरण बनने और बदलने में पीढ़ियों का समय लगता है। ऐसा नहीं है कि बस इस एक यात्रा से कांग्रेस व राहुल गांधी विपक्ष का सबसे मजबूत चेहरा बन जाएंगे या केंद्रीय सत्ता हासिल कर लेंगे। अभी संगठन से लेकर सत्ता तक भारतीय जनता पार्टी अपने सुनहरे दौर में है, इसलिए कांग्रेस की चुनौती बहुत बड़ी है।

भारत जोड़ो यात्रा वह शिशु कदम है जो आगे राहुल गांधी और कांग्रेस की चाल को तेज कर सकता है। लोकतंत्र में विपक्ष वैसे ही जरूरी होता है जैसे आधुनिक फोन में इंटरनेट। राहुल गांधी ने बस विपक्ष की तरंगें फिर से भरी हैं, देखना है कि कितनी दूर तक जाते हैं। राजनीति में सक्रिय निरंतरता सबसे जरूरी है, और उम्मीद की जा सकती है कि राहुल इसे बनाए रखने की कोशिश करेंगे।

फिलहाल तो राहुल गांधी गुस्साए राजनीतिक टिप्पणीकारों की गुस्साई टिप्पणियों के सामने वैसे ही मोहब्बत-मोहब्बत कर रहे जैसे गुस्सा कर रहे मां-बाप को मनाने के लिए बच्चे को उन्हें बोसा देने के अलावा कुछ नहीं सूझता। साल के अंत तक सिले होठों को सवाल तो दे गया ये स्वयंभू नेता मोहब्बत वाला...। राहुल के इस चलने के अभी और भी चित्र बनने हैं यह तो तय है।

31 दिसंबर 2022

इक्कीसवीं सदी के दूसरे दशक में भारतीय राजनीति में छवि-प्रबंधन का कारोबार शुरू हुआ जिसने नेताओं को एक ब्रांड के रूप में प्रस्तुत करना शुरू किया। जैसे कोई दंत मंजन कंपनी बाजार में बने रहने के लिए अचानक से पूछती है, आपके 'टूथपेस्ट' में नमक है क्या, वैसे ही छवि प्रबंधन कंपनियां राजनेताओं में जनसरोकार, करुणा, भाईचारे, दया की नई छवियां चिपका कर जनता के सामने प्रस्तुत कर देती हैं। अभी तक भारतीय जनता पार्टी की सबसे बड़ी शक्ति कांग्रेस ही रही है, जाहिर है, केजरीवाल भी उसी में हिस्सेदारी कर शक्तिमान हो रहे हैं। बिहार में 'द प्लूरल्स पार्टी' के जरिए पुष्पम प्रिया चौधरी 'स्टार्टअप' जैसी राजनीतिक कार्यप्रणाली ले ही आई हैं। सबकी मजबूती बन रहे राहुल गांधी अपनी छवि बदलने के लिए मैदान में उतर गए हैं तो साफ दिख रहा है कि अब छवि-प्रबंधन की यह लड़ाई बहुकोणीय होगी। राहुल गांधी की तदबीर से तकदीर और तकदीर से तस्वीर तक की यात्रा के मायने खोजता बेबाक बोल।

तस्वीर से तकदीर बना ले

'तेरी सहायता से जय तो मैं
अनायास पा जाऊंगा,
आने वाली मानवता को,
लेकिन क्या मुख दिखलाऊंगा?'

रामधारी सिंह दिनकर की ये पंक्तियां राजनीतिक रणनीतिकाकर प्रशांत किशोर ने ट्वीट की थीं। इन पंक्तियों का संदर्भ नीतीश कुमार और प्रशांत किशोर की हुई हालिया मुलाकात से निकाला जा रहा था। दावा किया जा रहा था कि नीतीश कुमार चाहते हैं कि आने वाले चुनावों के लिए प्रशांत किशोर फिर से उनके लिए छवि प्रबंधन करें। लेकिन देश में कई राज्यों की सरकार बनने के बाद छवि प्रबंधन का शुल्क वसूलने वाले आज खुद चंपारण से पैदल यात्रा पर निकल चुके हैं। भारत में ऐसी यात्राएं महात्मा गांधी के नाम पर ही होती हैं, तो प्रशांत किशोर की यात्रा भी बीती दो अक्तूबर से शुरू हुई। चुनावी कंपनी उनकी राजनीतिक महत्वाकांक्षा को पूरी करने में नाकाम है या इस तरह की यात्राएं छवि-प्रबंधन का ही हिस्सा हैं इस पर बहस होती रहेगी।

कई सरकारों को बनाने का तमगा अपने कंधे पर लटकाने वाले आज दिनकर की पंक्तियों का हवाला देकर पैदल चल रहे हैं। ये जिस तरह के 'राजनीतिक रणनीतिकार' नामक करिअर के अग्रदूत बने उसने 2014 के बाद के समय को छवि-प्रबंधन का युग घोषित कर दिया। इंटरनेट से फैली हर तस्वीर अपने तरह का विमर्श रचने लगी। एक तस्वीर का जवाब दूसरी तस्वीर से दिया जाने लगा। उदारीकरण के बाद बाजार के शब्दकोश में 'स्टार्टअप' का प्रवेश हुआ। प्रशांत किशोर की कंपनी से ही प्रेरणा लेकर जेपी वाली राजनीतिक क्रांति की जमीन पर पुष्पम प्रिया चौधरी राजनीति का 'स्टार्टअप' लेकर आईं। विदेशी डिग्री, दिनकर की कविता, भोजपुरी, मैथिली, अंगिका जैसी भाषा, काले कपड़े, काले जूते, सब कुछ

किसी कंपनी की थीम की तरह का रखते हुए पुष्पम प्रिया चौधरी ने 'द प्लूरल्स पार्टी' की स्थापना की। पुष्पम प्रिया चौधरी अपनी पहली कोशिश में नाकाम रहीं लेकिन राजनीति को 'स्टार्टअप' में ढालने वाले बाजार के हौसले अभी भी बुलंद हैं। उन्हें लग रहा है कि आने वाले वक्त में जनतंत्र पर वे अपनी मनचाही पकड़ बनाए रख सकेंगे। जिस तरह से नवाचारी कंपनियां लक्षित ग्राहकों को कोई नई सेवा देकर प्रभावित करना चाहती हैं उसी तरह से ये चुनावी रणनीतिकार जनता को कुछ नया देने की पेशकश करते हैं।

यह भी देखना मौजू होगा कि महज आठ साल में चुनावी रणनीतिकार के बाजार का सूचकांक गिरना शुरू हो गया है। इसलिए, ऐसी कंपनियों की सेवा के साथ नेता सीधे जनता के बीच जाने के लिए मजबूर हो रहे हैं। आज राहुल गांधी की बारिश में भीग कर भाषण देती हुई तस्वीर चर्चा का विषय बनी। कभी मौजूदा सरकार के नेताओं की, ओबामा की तो कभी पुतिन की ऐसी तस्वीरें इंटरनेट पर तैरती रहती हैं। सवाल यही है कि इन तस्वीरों से जनता को क्या हासिल हो पाता है?

हमारे देश में गणतंत्र की जड़ें प्राचीन काल से हैं। जनता और शासक के बीच जिम्मेदाराना रिश्ते की कहानियां हम बचपन से पढ़ते हैं। आधुनिक लोकतंत्र के पहले राजा वेश बदल कर जनता के पास जाता था। जनता को क्या दुख है राजा उसे क्या सुख दे पाया है, जनता के मन में उसके प्रति कैसी धारणा है, वह अपने राजकाज को किस तरह से सुधार पाए, यह सब जानने के लिए वह अपनी पहचान को परे रख देता था। अज्ञातकुलशील होकर ही वह यथार्थ को ज्ञात कर सकता था।

अब हम जनतंत्र में हैं तो जनता को ही अपने दुख बताने के लिए सड़क पर उतरने के लिए मजबूर होना पड़ता है। यहां हम राजतंत्र और जनतंत्र का फर्क देख सकते हैं। नेताओं को जब अपने अस्तित्व के संकट का भान होता है तब अपने दुख दूर करने के लिए सड़क पर अपनी पहचान वापस पाने की यात्रा शुरू करते हैं। यहां पर सवाल यह है कि वे जनता की सुन भी रहे हैं या जनता को सिर्फ सुना रहे हैं?

आज के दौर में जनता की तरफ से हमारा यह सवाल सबसे है। बीते इतिहास से भी और वर्तमान से भी। यह सवाल जयप्रकाश नारायण से भी है, अण्णा हजारे, अरविंद केजरीवाल, राहुल गांधी और प्रशांत किशोर से भी है। इन नेताओं ने जनता की चिंताओं का बक्सा तैयार किया। उन चिंताओं के हासिल में जनता ने उस बक्से में जोरदार मतदान भी किया। लेकिन जनता के हिस्से में वो बक्सा आज तक खाली है।

आधुनिक जनतंत्र में नेताओं की छवि-यात्राएं एक वैसे बक्से की तरह है, जिसके ऊपर दया, करुणा, जनसरोकार जैसी सुंदर छवियों की चित्रकारी है। लेकिन, अंदर से यह डिब्बा खोखला होता है। जनता से जुड़ने का आधार क्या हो सकता है? उसका आधार आपके अंदर की जनचेतना ही हो सकती है। यह जनचेतना किसी कैलेंडरी तारीख के साथ नहीं शुरू हो सकती है और न ही किसी छवि प्रबंधन कंपनी की प्रयोगशाला में रातों-रात तैयार हो सकती है। अतीत का महत्त्व इसलिए है कि उससे वर्तमान को आंका जा सकता है। बिना जनतांत्रिक चेतना का अतीत लिए आप चंद चुनिंदा तारीखों में जंतर मंतर पर रैली कर देंगे, रामलीला मैदान में तिल रखने की जगह नहीं रहने देंगे और तयशुदा रास्तों पर लोगों को गले लगाएंगे तो यह भविष्य की पुख्ता तस्वीर नहीं हो सकती है।

इन यात्राओं से जितनी छवियां आती हैं वे इनसे जुड़े नेताओं की महानता की गाथा में जुड़ जाती हैं। आपकी छवियों से जनता की पहचान वंचित तबके की तो हिंदु-मुसलिम-सिख-ईसाई आपस में भाई-भाई वाली जैसी है। लेकिन, विपक्ष के नेता के तौर पर आज के दौर में यह आपसे जुड़ने का आधार नहीं हो सकता। जब आप धर्मनिरपेक्षता को ही खारिज करवा चुके हैं तो भाईचारे की तस्वीरों से क्या होना है। उसी हथियार को फिर से आजमाना यानी एक चूकी हुई रणनीति को जनता पर फिर से थोपना है। अपनी विकसित राजनीतिक समझ को शून्य भाव में पड़ी जनता पर थोप देने से वह आपके लिए आंदोलित नहीं हो उठेगी। जनता को आंदोलित करने की पूरी सामाजिक, राजनीतिक प्रक्रिया में आप उतरना ही नहीं चाहते हैं।

जब आप अपनी पहचान लेकर उतरते हैं तो वहां से जुड़ाव होता है या अलगाव होता है, यह देखना अहम होगा। आपको जुड़ना होगा जनता से। जनता से जुड़ने के लिए आपके पास क्या आधार है? याद रखिए, भाजपा की अभी तक की सबसे बड़ी ताकत कांग्रेस ही है। कांग्रेस के खारिज चेहरे से वह खुद को स्वीकार्य बना रही है। आम आदमी पार्टी भी कांग्रेस की ही जमीन पर हिस्सेदारी मांगने में जुटी है।

अब कांग्रेस भी नैतिकता और राजनीतिक शुचिता की जमीन पर अपनी दावेदारी को निकल पड़ी है। अभी तो कांग्रेस को खारिज करने का खतरा कोई राजनीतिक टिप्पणीकार नहीं उठा सकता है। जाहिर सी बात है, आने वाले समय में छवि-प्रबंधन की लड़ाई बहुकोणीय होगी। देखना होगा कि इस लड़ाई में जनता के हिस्से कितनी जीत आती है।

8 अक्तूबर 2022

औपनिवेशिक हिंदुस्तान में स्वतंत्रता के संघर्ष का हासिल भारतीय कांग्रेस पार्टी थी। लेकिन, आज आजादी के 75 साल बाद इस पार्टी के पास विरासत के सिवा कुछ नहीं बचा है। विपक्ष के विरासती चादर के खींचते ही विपक्ष का हिस्सा बनी कांग्रेस को लंबे समय तक यही समझ नहीं आया कि अब उसकी भूमिका कैसी होगी। कभी संसद पर प्रभुत्व रखने वाली कांग्रेस को सड़क का महत्त्व समझ आते ही राहुल गांधी ने 'भारत जोड़ो यात्रा' शुरू कर दी। अहम चुनावी राज्यों से यात्रा को दूर रखने की रणनीति बता रही है कि राहुल गांधी समझ चुके हैं कि राजनीतिक परिवर्तन इतनी आसानी से नहीं आता है। यात्रा को हम प्रायोगिक शिक्षा कह सकते हैं जो आपकी समझ का विस्तार करती है। इस यात्रा के नफे-नुकसान का तुरंता नतीजा निकालना लोकतंत्र के पाठ्यक्रम को कमतर करना होगा। मध्य प्रदेश में जब राहुल गांधी की यात्रा आधी पूरी हो चुकी है तो लोकतंत्र के प्रति उनकी विनयशील सी दिखाई जा रही छवि पर बेबाक बोल।

यात्रा ददाति विनयं

मैं अकेला ही चला था
जानिब-ए-मंजिल मगर
लोग साथ आते गए
और कारवां बनता गया

—मजरूह सुल्तानपुरी

'राहुल गांधी आपके दिमाग में हैं, मेरे दिमाग में नहीं। मैं राहुल गांधी को बहुत पीछे छोड़ चुका हूं'।

अपनी पैदल यात्रा में आधी दूरी तय कर चुके राहुल गांधी कहते हैं कि मैं राहुल गांधी को बहुत पीछे छोड़ आया हूं। राहुल गांधी ने यात्रा की शुरुआत में कहा था कि हमारी 'भारत जोड़ो यात्रा' राजनीतिक नहीं है। यह समान विचार के लोगों को साथ लेकर चलने की बात है। हमारा मकसद देश के बुनियादी मुद्दों पर बात करना है।

परिवर्तन। आजादी के पहले और आजादी के बाद यह एक शब्द है जो राजनीति के मैदान में अपना अर्थ खोजता रहा है और समय के साथ इसके अर्थ बदलते भी रहे हैं। आज जब राहुल गांधी की यात्रा का 87वां दिन है तो हम उनके साथ परिवर्तन शब्द की पड़ताल कर सकते हैं। जहां तक भारत जोड़ो यात्रा की जनसंचारी छवि का सवाल है तो बहुआयामी संचार व्यवस्था के जरिए सामाजिक मंचों पर अच्छी तस्वीरें आ रही हैं। गौरी लंकेश की बहन, रोहित वेमुला की मां, बलात्कार पीड़िता की मां, मेधा पाटकर, अपनी व्यथा कहते युवा, मनोरंजक सवाल करते यू-ट्यूब पत्रकार, स्कूली बच्चियां, खेतिहर मजदूर, किसान, शारीरिक चुनौतियां झेल रहे लोग।

यात्रा की जारी की जा रही तस्वीरों को देखें तो राहुल से मुलाकातियों की सूची बहुत लंबी है, सार यही कि पीड़ित और विपक्ष की पहचान वाले हर चेहरे को कैमरे के चौखटे में रखने की कोशिश की गई है।

पिछले आठ सालों से कांग्रेस की राजनीति के संदर्भ में अभी तक 'भारत जोड़ो

यात्रा' के लिए जिस शब्द का इस्तेमाल किया जा सकता है वह है-सफलता। 'भारत जोड़ो यात्रा' अभी तक उस संदर्भ में कामयाब दिख रही है कि राहुल के साथ वंशवादी गांधी की छवि तोड़ने की पूरी कोशिश की जा रही है। अभी तक बनाई गई सुकुमार राजकुमार की छवि से निकलने की यह यात्रा आगे जनता के लिए छलावा साबित हो सकती है, लेकिन आज के दौर में इस यात्रा के दौरान राहुल गांधी वही करने की कोशिश करते दिख रहे हैं जिसे भारतीय लोकतंत्र में विपक्ष कहा जाता है।

यह विश्लेषणों और नतीजों की हड़बड़ी का दौर है। यात्रा में राहुल के एक कदम आगे बढ़ते ही उनके चार कदम आगे के बारे में कहा जाने लगा। शुरुआत केरल से हुई कि हिंदी प्रदेश में कांग्रेस का आधार नहीं बचा है, वहां जाने का जज्बा नहीं इसलिए केरल में वाम सरकार को बदनाम करने के लिए सबसे ज्यादा दिन 'भारत जोड़ो यात्रा' को रखा गया है। वहीं अटकलें लगने लगीं कि हार के डर से गुजरात नहीं जाएंगे तो हिमाचल नहीं जाएंगे। सबसे ज्यादा अटकलें गुजरात और हिमाचल पर क्योंकि वहां विधानसभा चुनाव की प्रक्रिया चल रही है और केंद्रीय सत्ता पक्ष ने दोनों जगह अपनी ताकत झोंक रखी है। ज्यादातर राजनीतिक विश्लेषकों ने पदयात्रा के शुरुआती दौर में ही राहुल को डरा हुआ करार दिया कि संभावित हार को देखते हुए चुनावी राज्यों से नहीं गुजर रहे हैं।

पदयात्रा के नक्शे से हिमाचल और गुजरात को अलग रखना राहुल गांधी की रणनीति का हिस्सा हो सकता है। यह कहना बहुत जल्दी होगी कि इन दोनों राज्यों में हार के डर से राहुल गांधी नहीं गए। पहली रणनीति तो यही कि यात्रा के अराजनीतिक रखने का एलान करना। अगर राहुल यात्रा के दौरान गुजरात और हिमाचल में चुनावी रैलियों को संबोधित करते तो सबसे पहले यात्रा ही दागदार होती कि इन्हीं दो राज्यों के लिए शुरू किया था।

गुजरात और हिमाचल में कांग्रेस की रणनीति को देखें तो हमें वहां भी 'परिवर्तन' करने की मंशा ही दिख रही है। कांग्रेस ने शायद रणनीति बनाई है कि स्थानीय चुनावों को स्थानीय नेताओं के हवाले ही रखना चाहिए। स्थानीय नेता अपने स्थानीय मुद्दों पर ही लड़ाई लड़ेंगे। 'सितारा प्रचारकों' का चलन कांग्रेस ही लेकर आई थी तो इस मुद्दे पर अब वह जमीन पर आना चाहती है। हालिया चुनावी कार्यक्रमों में कांग्रेस की तरफ से किसी सितारा प्रचारक की सूची नहीं जारी की गई।

राहुल गांधी जिस तरह से राष्ट्रीय और वृहत्तर मुद्दों पर बोल रहे हैं उससे लगता है कि कांग्रेस अपने राष्ट्रीय नेताओं को राष्ट्रीय स्तर पर ही रखना चाहती है। इंदिरा गांधी के भी दौर में लोकसभा चुनावों में वे 30-40 से ज्यादा चुनावी रैलियों

को संबोधित नहीं करती थीं। वहीं आज के दौर में राष्ट्रीय नेता 300 से ज्यादा रैलियों का आंकड़ा पार कर जाते हैं।

हाल के दिनों में राहुल गांधी के लिए कांग्रेस के राष्ट्रीय नेताओं का अनुभव भी बुरा रहा है। वे इतने आत्मकेंद्रित हो जाते हैं कि उनके लिए अपनी पहचान सबसे अहम होती है। गुलाम नबी आजाद, कपिल सिब्बल जैसे नेताओं से तो उन्हें यही सबक मिला है। अभी तो राष्ट्रीय नेता कांग्रेस के लिए शर्मिंदगी का ही विषय बनते जा रहे हैं। केरल में शशि थरूर अपने निजी वजूद की जमीन तलाशते नजर आ रहे हैं। इसलिए नए स्थानीय नायकों पर भरोसा करना ज्यादा जरूरी दिख रहा है ताकि कांग्रेस दिल्ली दरबार की संस्कृति से बाहर आए।

गुजरात और हिमाचल चुनावों के समय अगल-बगल से गुजर रहे राहुल गांधी फिलहाल इन दोनों राज्यों को प्रयोगशाला की तरह देख रहे हैं। पिछले विधानसभा चुनावों में गुजरात में कांग्रेस का प्रदर्शन बेहतर होता जा रहा था। वह औसतन दस से बारह सीटों की बढ़त ले रही थी। पिछली बार तो गुजरात में कांग्रेस को 77 सीटें मिली थीं। ऐसे में इस बार राहुल गुजरात में आरोपों-प्रत्यारोपों से दूर हैं। अभी तक वे अपने प्रयोग को लेकर स्थिर दिख रहे हैं।

दुनिया के राजनीतिक इतिहास में यात्राओं का अपना महत्त्व है। एक तरह से कहें तो दुनिया के इतिहास में यात्रियों ने नए देश खोजे तो इस कारण गुलाम उपनिवेश भी बनाए गए। राहुल गांधी की अब तक की यात्रा कांग्रेस पार्टी के साथ पूरे भारतीय राजनीतिक परिदृश्य के लिए संदेश है।

पहला संदेश है प्रयोग और संयम का। अगर आप में संयम नहीं है तो आप कोई भी परिवर्तनकारी प्रयोग नहीं कर सकते। राजनीतिक टिप्पणीकारों को भी थोड़ा देख कर, रुक कर समझने का संदेश है। यह नहीं कि 300 किलोमीटर की चुनावी यात्रा में कार चालक से बात कर चुनावी नतीजे का एलान कर दिया तो एक दिन की यात्रा के बाद ही कांग्रेस की पूरी आगे की कुंडली लिख दी। राजनीतिक बदलाव कोई सिनेमा घर का पर्दा नहीं जहां हफ्ता बदलते ही फिल्म बदल जाती है।

लोकतंत्र की किताब में सबसे मुश्किल व उम्मीदों भरा अध्याय है विपक्ष का। 2014 में चुनाव के बाद तकनीकी रूप से संसद के गलियारे में कांग्रेस विपक्ष के तमगे के काबिल भी नहीं रही थी। आज उन्हीं आंकड़ों के साथ जनता के बीच राहुल गांधी विपक्ष का चेहरा बनते हुए दिख रहे हैं। हिमाचल और गुजरात का प्रयोग राहुल गांधी के लिए नाकाम भी हो सकता है, लेकिन उनकी इस यात्रा का हासिल धनात्मक होगा जो जरूरी नहीं कि चुनावी सीटों के रूप में गिना जाए।

राहुल गांधी की प्रयोगयात्रा के बाद एक संयमी व विनयशील नेता का चेहरा सामने आया है। प्रतिरोध और पीड़ित चेहरों के साथ वाला चेहरा जो विपक्ष की पहली शर्त है। जिस कांग्रेस ने विश्व व्यापार संघ से लेकर डंकल प्रस्ताव के दस्तावेजों पर दस्तखत किए थे आज वह इनके प्रभावितों के साथ खड़ी होने की बात कह रही है। कांग्रेस को मर जाने की सलाह देने वाले योगेंद्र यादव उनके साथ चल रहे हैं। संस्कृत के श्लोक में कहा गया है कि विद्या विनय देती है। यात्रा भी एक तरह की शिक्षा है जो शायद राहुल के साथ कांग्रेस को जनता के प्रति विनयशील बना दे। लोक-कथाओं में कहा गया है कि होशियार वही है जो दूसरे के प्रयोग से सीख ले। अभी तक चली यात्रा में कांग्रेस के साथ हम सबके लिए थोड़ी सी सीख है। राजनीतिक दल जब लोकतांत्रिक शिक्षण-प्रशिक्षण का काम करते हैं तो लोकतंत्र को थोड़ा और मजबूत करते हैं। फिलहाल तो हर मुद्दे पर चीखते-चिल्लाते, गुस्सा से करते लोकतंत्र को विनय व संयम की जरूरत दिख रही है जो विपक्ष के हिस्से से ही आ सकती है। राजनीतिक बदलाव की डगर बहुत लंबी होती है। अभी तो श्रीनगर ही दूर है।

3 दिसंबर, 2022

नेशनल हेरल्ड-एजेएल भूमि आबंटन, बोफर्स, राजस्थान और हरियाणा के वे विवादित जमीन सौदे हैं, जिनमें गांधी परिवार के सदस्यों पर ही सीधे-सीधे आरोप हैं।

9 सितंबर 1938 को नेहरू के संपादक काल में छपे नेशनल हेरल्ड के मास्टहेड पर लिखा था, 'स्वतंत्रता खतरे में है, सभी के साथ इसकी रक्षा करनी है'। यह वह समय था जब भारत उपनिवेशवाद के खिलाफ लड़ाई लड़ रहा था। जंग-ए-आजादी से जुड़ा नेशनल हेरल्ड आजाद भारत में सवालों के घेरे में आ गया। आज देश पर सबसे लंबे समय तक शासन कर कई घोटालों के आरोपों से घिरी कांग्रेस अगस्ता वेस्टलैंड पर जांच शुरू होते ही सड़क पर उतर आई और इसे 'लोकतंत्र पर हमला' बताया। खास बात यह थी कि लोकतंत्र पर हमले के कांग्रेसी पोस्टर में सोनिया गांधी और राहुल गांधी के अलावा राबर्ट वाड्रा की भी तस्वीर थी। विरासती राजनीति की अलंबरदार रही कांग्रेस के अंदर ही परिवार बनाम लोकतंत्र की लंबी लड़ाई चली है और जीत परिवार की ही हुई है। तो परिवार बनाम सरकार बनाम लोकतंत्र की बीच बहस में पढ़ें बेबाक बोल।

कांग्रेसकथा वाया परिवारवाद, कुबूल है!

कांग्रेस (आई)! मौजूदा कांग्रेस के नाम में इंदिरा का नाम जुड़ने की कहानी पार्टी में लोकतंत्र के खात्मे से शुरू होती है। औपनिवेशिक काल में स्थापित इस पार्टी पर आजादी के बाद से नेहरू-गांधी परिवार का ही वर्चस्व रहा। और परिवार के खिलाफ उठी हर आवाज बेदखल की जाती रही। इंदिरा गांधी ने कांग्रेस को दो फाड़ किया और नेहरू की बेटी के नाम से ही कांग्रेस की पहचान बनी। आजादी के बाद लोकसभा में अपने न्यूनतम आंकड़े (44) पर पहुंची कांग्रेस आज अपने अस्तित्व की लड़ाई लड़ रही है। लेकिन आज भी इसका अस्तित्व परिवार के दायरे से बाहर नहीं जा पा रहा, जिसे यह पार्टी लोकतंत्र का नाम देती है। पार्टी में लोकतंत्र का मतलब परिवार के हर फरमान पर 'कुबूल है'।

भारतीय राष्ट्रीय कांग्रेस की स्थापना का श्रेय ए ओ ह्यूम को जाता है। एक खास वर्ग यह आरोप लगाता रहा है कि कांग्रेस की स्थापना अंग्रेजी राज्य के सेफ्टी वॉल्व के रूप में की गई थी। और आज की तस्वीर यह है कि पार्टी एक परिवार के लिए 'सेफ्टी वॉल्व' बन गई है। देश और संसद में 'लोकतंत्र' को बचाने के लिए संघर्ष का बिगुल बजाने वाली कांग्रेस पार्टी को शायद यह मशहूर मुहावरा याद नहीं रह गया है कि 'दयानतदारी की शुरुआत घर से होती है'। अगर ऐसा होता तो पार्टी प्रमुख सोनिया गांधी पहले अपने संगठन में लोकतंत्र को बहाल करतीं और फिर कहीं और के लिए 'लोकतंत्र बचाओ' का झंडा उठातीं। ऐसा न भी होता तो कम से कम इस बात को तो सुनिश्चित करतीं कि उनका 'लोकतंत्र बचाओ' का शिगूफा 'परिवार बचाओ' का झंडा नहीं प्रतीत हो। जाहिर है कि 'लोकतंत्र बचाओ' के पोस्टरों में मां सोनिया और बेटे राहुल गांधी के बीच में दामाद राबर्ट वाड्रा का चित्र आते ही यह समूचा मार्च ही क्षुद्र होकर रह गया और फिर पूर्व प्रधानमंत्री मनमोहन सिंह समेत पार्टी के दिग्गज नेताओं की मौजूदगी और सांसद रेणुका चौधरी का अवरोधकों पर चढ़ कर नारेबाजी करने और टेलीविजन को 'बाइट' देने का साहसिक प्रयास भी उसके असल उद्देश्य को निरस्त नहीं कर पाया।

विवादों में घिरे वाड्रा का यह चित्र ऐसे समय में पार्टी की आधिकारिक रैली में नुमायां हुआ है, जबकि बीकानेर में उनके भूमि सौदों की वजह से जांच एजंसियां उन पर अपना शिकंजा कस रही थीं और हरियाणा में उनके जमीन विवाद पर गठित न्यायाधीश एसएन ढींगड़ा का एक सदस्यीय आयोग तेजी से अपनी जांच पूरी करने की दिशा में अग्रसर है। इसके अलावा, जहां तक गांधी परिवार का सवाल है तो पार्टी अध्यक्ष खुद अगस्ता वेस्टलैंड हेलिकॉप्टर रिश्वतखोरी के मामले में विवादों में हैं। जांच एजंसियां इटली की अदालत के फैसले में वर्णित 'सिग्नोरा' की पहचान में जुटी हैं। आदेश में 'एपी' को सोनिया का राजनीतिक सचिव अहमद पटेल माना जा रहा है। इधर पंचकूला में नवजीवन अखबार को जमीन देने के मामले में पूर्व मुख्यमंत्री भूपिंदर सिंह हुड्डा समेत हरियाणा के चार अधिकारियों पर मामले दर्ज हैं। नेशनल हेरल्ड का मामला तो है ही।

कांग्रेसजनों की भक्ति पर गांधी परिवार का विश्वास सच्चा है। लिहाजा जब परिवार पर संकट है तो फिर किसी भी सदस्य को संरक्षण से क्यों वंचित किया जाए? शायद यही सोच रही होगी कि इस बीच वाड्रा भी इश्तिहारों में खुलेआम प्रकट हो गए। यह तर्क बिल्कुल ही लुंजपुंज है कि किसी ने यों ही लगा दिया होगा। कांग्रेस के वरिष्ठ नेताओं को इस पर होने वाली प्रतिक्रिया और विवाद का पूरा पता है। आखिर पार्टी के पास देश के वरिष्ठतम राजनीतिज्ञ हैं, लेकिन इन सबके साथ एक ही समस्या है कि ये सभी परिवार के आगे नतमस्तक हैं। कुछ दिन पहले जंतर मंतर के मंच से भी पूर्व प्रधानमंत्री मनमोहन सिंह, जिनकी आंखों के सामने ये पोस्टर थे, ने कांग्रेसजनों से यही अपील की कि सोनिया और राहुल की अगुआई में संघर्षरत हो जाओ। बाकी सबका सुर भी उनके ही सुर में मिला था। अगर यह यों ही होता तो अब तक जो उस पोस्टर को लहरा रहे थे, उन्हें नोटिस थमा दिया गया होता। लेकिन वे तो इन पोस्टरों को ट्रॉफी की तरह लहरा रहे थे। सगर्व।

बहरहाल, सबसे गंभीर विवाद अगस्ता वेस्टलैंड का ही है। इटली की एक अदालत ने अगस्ता वेस्टलैंड हेलिकॉप्टर तैयार करने वाली कंपनी फिनमैकानिका के दो आला अधिकारियों को दोषी करार देते हुए चार साल की सजा सुनाई। अदालती फैसले में लगभग साफ तौर पर सिग्नोरा को ही इस रिश्वतकांड का दोषी ठहराया गया है। रिश्वत की राशि कुल रकम का दस फीसद यानी 360 करोड़ रुपए बताई गई है। इस मामले में प्रेस प्रबंधन के लिए भी 50 करोड़ का प्रावधान करने का जिक्र है। इस रिश्वतकांड के उजागर होने के बाद से ही कांग्रेस में खलबली है। समूची पार्टी का यही प्रयास है कि देश में इसके खिलाफ शोरशराबा करके किसी तरह

इसे दफना दिया जाए। लेकिन पिछले दो वर्ष में आम आदमी में अपनी लोकप्रियता बनाए रखने और अपने चुनावी वादों को अमल में लाने से पिछड़ रही भारतीय जनता पार्टी के लिए यह विवाद जीवनदायिनी दवा की तरह रहा। पांच राज्यों में चुनावों के मद्देनजर इसे हवा भी दी गई जो स्वाभाविक भी है।

दरअसल, गांधी-नेहरू परिवार का विवादों के साथ चोली-दामन का साथ रहा है, लेकिन परिवार में पार्टी को एकजुट रखने की ऐसी जबर्दस्त ताकत है कि उसका वर्चस्व हमेशा बना रहता है और बड़े से बड़े नेता भी गांधी परिवार के आगे कोर्निश बजाते दिखाई देते हैं। जिन्हें कुबूल नहीं, उनके लिए तो बाहर का रास्ता है ही। ऐसे कई हैं जिन्होंने बाहर का रास्ता पकड़ कर अपना भविष्य बना लिया या फिर समय की गर्त में समा गये। इससे पहले बोफर्स तोप खरीद घोटाले ने पूरे देश में कोहराम मचा दिया था। इस घोटाले के मुख्य आरोपी ऑक्टोवियो क्वात्रोकी के साथ सोनिया गांधी की निकटता के आरोप रहे। इनके कारण पूर्व प्रधानमंत्री राजीव गांधी को अपने कॅरियर का पतन देखना पड़ा। यह आरोप भी है कि क्वात्रोकी के फरार होने का मार्ग भी कांग्रेस ने ही प्रशस्त किया। इस परिवार में जितनी क्षमता विवादों के बीच रहने की है, उतनी ही उनमें गहरे धंस कर अपनी सत्ता बचाए रखने की भी है। इस मामले में देखा जाए तो कांग्रेस में इतिहास खुद को दुहरा भर ही रहा है कि तमाम विवाद के बाद भी सब परिवार के आगे दंडवत हैं।

नेशनल हेरल्ड-एजेएल भूमि आबंटन, बोफर्स, राजस्थान और हरियाणा के वे विवादित जमीन सौदे हैं, जिनमें गांधी परिवार के सदस्यों पर ही सीधे-सीधे आरोप हैं। इन मामलों में नियमों की अनदेखी का आरोप है। वहां उसके लपेटे में राज्य के तत्कालीन मुख्यमंत्री जैसे हरियाणा में भूपिंदर सिंह हुड्डा व दूसरे अधिकारी भी हैं। लेकिन सवाल यह है कि नियमों की अवहेलना क्यों और किसके इशारे पर हुई। देखा यही जा रहा है कि उसका सीधा लाभ या तो परिवार को या उससे जुड़े किसी ट्रस्ट या दूसरी संस्था को पहुंचा। तो फिर इतनी हायतौबा क्यों? जब मामला निजी लाभ का है तो दूरस्थ राज्यों के कार्यकर्ताओं का विरोध प्रदर्शन, जेल भरो, लाठी खाओ आंदोलन क्यों? इन सबकी भागीदारी का मकसद निजी जिम्मेदारी के कारण है। ऐसे में सोनिया गांधी और राहुल गांधी तो फिर भी पार्टी के शीर्ष पदों पर हैं। लेकिन इसमें राबर्ट वाड्रा के लिए आंदोलन क्यों? क्या सिर्फ इसलिए कि दामाद होने के नाते वे परिवार का हिस्सा हैं?

ऐसा भी नहीं है कि जो कार्यकर्ता सड़क पर उतर कर तपती धूप और सरकार की प्रतिक्रिया झेल रहा है, वह इस बात से बेखबर है कि यह संकट सरकार का नहीं

परिवार का है। लेकिन पार्टी के अंदर ऐसे मौके पर आगे बढ़ लाठी खाने के एवज में अपनी जगह बनाने का जो लाभ उसे हो सकता है, उसके कारण वह जोर से नारा लगाता है। और यह ललक पंजाब के किसी कस्बे में विरोध कर रहे नेता से लेकर दिल्ली दरबार में लगातार हाजिरी लगाने वालों में भी है। वरना सांसद दिल्ली में अवरोधकों पर चढ़ कर और पूरे जोशोखरोश के साथ फोटो के लिए मुद्राएं न बनाते। फर्क इतना है जिसका जितना बड़ा शहर, उसका उतना बड़ा लाभ। राजधानी हो तो फिर बात ही क्या है! आखिर यहीं से किसी का नाम और काम, दोनों राष्ट्रीयस्तर पर परखे जाएंगे। लिहाजा सब अपनी हाजिरी लगाने और खुद को 'राजा' से भी ज्यादा वफादार बताने के लिए एड़ी-चोटी का जोर लगा देते हैं।

राजनीति से नैतिकता का नाता तो बहुत पहले ही टूट गया था। एक अरसे से राजनीति भी अब बाकी सब पेशों की तरह एक तुरत-फुरत लाभार्जन का माध्यम बन गई है। चुनाव आयोग के हालिया बयान इस बात का सहज सत्यापन करेंगे कि किस तरह हजारी नेता से लखपती, लखपती से करोड़पति, करोड़पति से कई करोड़पति और कई करोड़पति से अरबपति की राह पकड़ते हैं। उनके हलफिया बयानों में उनकी संपत्तियों को असल में उनके बाजार भाव से परखा जाना चाहिए। कायदे से उन पर दबाव होना चाहिए कि यह उनके असली बाजार का जिक्र करें, न कि अपनी संपत्तियों का आकलन खुद के बनाए मापदंडों से। शुरुआती चूकों के कारण राजनीति और भ्रष्टाचार का चोली-दामन का साथ हो गया है। चुनाव आयोग चाहे तो फॉर्म में एक खाना यह भी हो कि नेतागण शपथ लेकर कहें कि उनकी कोई बेनामी संपत्ति भी नहीं है।

राजनीतिक दलों के साथ यही खास बात है कि खुद को पाक-साफ साबित करने के लिए भीड़ का गणित ही बिठाते हैं। रैली की राह इसी गणित का अहम हिस्सा है जिसमें आप छत पर चढ़ कर अपनी बेगुनाही की दुहाई देते हैं और अपना जनसमर्थन दिखा कर अपनी ताकत से रूबरू कराना चाहते हैं। लेकिन यह रास्ता उतना भी कारगर नहीं जितना मान कर इसे अपनाया जाता है। ऐसा होता तो देश के नामी-गिरामी राजनेता गाहे-बगाहे जेल की हवा न खाते या फिर अदालतों के गलियारों में खुद या अपने वकीलों के माध्यम से खड़े न होते। फिर वह चाहे तमिलनाडु में जयललिता या एम करुणानिधि, हरियाणा में ओमप्रकाश चौटाला और अजय चौटाला, मधु कोड़ा, अजीत जोगी, लालू यादव या ऐसे ही कई और नाम न होते। अंत में अपनी ईमानदारी पर लगे दाग देश की सर्वस्वीकार्य न्याय व्यवस्था के सामने ही धोने पड़ते हैं। अब जब ऐसा है ही और आप इससे अनभिज्ञ भी नहीं तो फिर यह सब क्यों?

राजनीति में विरासत अब पुरानी बात हो गई। हरियाणा के पूर्व मुख्यमंत्री भजनलाल ने यह कह कर इसे न्यायोचित ठहरा दिया था कि जब डॉक्टर के बच्चे के डॉक्टर और इंजीनियर के बच्चे के इंजीनियर बनने पर एतराज नहीं तो राजनीतिज्ञों पर ही यह एतराज क्यों? नैतिकता का दावा करने वाले नेता भी इससे बच नहीं पाए और मौका देखते ही अपने परिवार को राजनीति में ले आए। ऐसे भी उदाहरण हैं कि किसी नेता ने यह दावा किया कि उनके परिवार का एक ही सदस्य राजनीति में रहेगा, और महज हफ्ते भर में ही अपने बेटे को लोकसभा का टिकट दिलवा दिया। राजनीति में सैद्धांतिक जीवन का कोई उदाहरण पेश करने के बरअक्स सुविधावाद का खेल कोई अजूबा नहीं है। परिवारों में राजनीति को कैद करने की प्रवृत्ति सिद्धांतों के बजाय इसी सुविधावाद के सहारे बनती है और फलती-फूलती है। हां, अब इस परिवार में राजनीतिकों के विस्तारित रिश्ते भी शामिल हो रहे हैं। कांग्रेस इसी विस्तारित रिश्ते की मारी है।

14.05.2016

अभी राजस्थान से लेकर पंजाब और त्रिपुरा से लेकर दिल्ली विश्वविद्यालयों के युवा गढ़ों की दीवारों पर लिखी नई इबारत का विश्लेषण हो ही रहा था, तभी कांग्रेसियों से ज्यादा भाजपा नेताओं की जुबान से राहुल-राहुल निकलने लगा।

अमेरिका की धरती पर राहुल की वंशवाद पर की गई टिप्पणी पर भाजपा के बड़े से लेकर छोटे नेता लगातार बयानबाजी कर रहे हैं तो राहुल के बयानों पर बात करने की जरूरत समझी जा सकती है। राजनीति में सपने दिखाने के साथ सच का सामना की भी अहमियत होती है। अहंकार और रोजगार पर राहुल जिस कांग्रेसी नाकामी की स्वीकारोक्ति की भाषा बोल रहे हैं वह उन्हें एक नए अवतार में ला रही है। अमेरिकी शैक्षणिक संस्थान में वे अच्छे वक्ता के साथ अच्छे श्रोता की भी जरूरत बताते हैं। मोदी के न्यू इंडिया के सामने रोजगार विहीन भारत को खड़ा कर रहे हैं। विखंडित विकल्प के इस दौर में राहुल महसूस कर चुके हैं कि उन्हें खुद का ही विकल्प बनना होगा। सीखते, समझते और स्वीकारोक्ति करते राहुल इस बार तो मन की बात के सामने जन की बात को खड़ा करने में कामयाब दिखे। अमेरिकी विश्वविद्यालयों से उठे राहुल राग पर बेबाक बोल।

जन की बात-राहुल राग

अभी राजस्थान से लेकर पंजाब और त्रिपुरा से लेकर दिल्ली विश्वविद्यालयों के युवा गढ़ों की दीवारों पर लिखी नई इबारत का विश्लेषण हो ही रहा था, तभी कांग्रेसियों से ज्यादा भाजपा नेताओं की जुबान से राहुल-राहुल निकलने लगा। आखिर सूचना व प्रसारण मंत्रालय की मुखिया के साथ सरकार के पूरे प्रवक्ताओं की फौज राहुल पर हल्ला क्यों बोल गई? भाजपाई खेमे के हल्लाबोल का हासिल यह रहा कि जिन लोगों ने राहुल गांधी का भाषण नहीं सुना था, वे भी यू-ट्यूब पर राहुल गांधी, बर्कले खोजने लगे।

अभी बर्कले के भाषण को भाजपा और संघ का खेमा 'युवराज, शहजादा' की बकबक साबित करने में जुटा ही था कि अमेरिका के ही प्रिंस्टन विश्वविद्यालय में राहुल फिर बोले। और जरा उनके भाषण के विश्लेषण पर गौर फरमाया जाए। अपने भाषण में गांधी ने कुल 44 बार 'नौकरी, इसका विकास और बेरोजगारी' जैसे शब्दों का इस्तेमाल किया। महज तीन ही साल में अमेरिका की जमीन और मीडिया के विश्लेषण से यह दूसरा पाठ सामने आ गया। इधर तो सिर्फ प्रधानमंत्री के भाषणों की चीड़फाड़ होती थी कि उन्होंने अपने भाषण में 'न्यू इंडिया' और 'टीम इंडिया' शब्द का कितनी बार इस्तेमाल किया। मेडिसन स्कवायर वाला इंडिया और प्रिंस्टन में बिना नौकरी वाला इंडिया। इस दो तरह के इंडिया की टकराहट में जरा भारत का भी विश्लेषण हो जाए।

बर्कले के भाषण के बाद इन दिनों भाजपा के नए सहयोगी बने और मोदी सरकार के हर कदम की जमकर तारीफ करनेवाले नेता ने अति उत्साह में कह डाला कि भारत में वंशवाद की संस्कृति नहीं रही है (मतलब कांग्रेस की देन है)। अब इन नए चीयरलीडर्स को कौन समझाए कि चंद्रगुप्त वंश, मौर्य वंश और लोदी वंश किसी अफ्रीकी नहीं बल्कि भारतीय इतिहास का हिस्सा रहे हैं। वंशवाद हमारे प्राचीन से लेकर मध्ययुगीन समाज का मूल रहा रहा है जिसके खिलाफ आधुनिक समय

में आवाज उठी है। वह आधुनिक लोकतांत्रिक अवधारणा ही है जो इंसान के वंश नहीं उसकी काबिलियत की बात करती है। राहुल गांधी ने कम से कम ईमानदारी तो दिखाई और उसे विदेशी जमीन पर कबूला। साथ ही वंश के बजाय काबिलियत को आगे बढ़ाने की हिमायत की। लेकिन आप उस ईमानदारी पर चुप रहने के बजाय अपने बनाए नए भ्रम पर शोर मचाने लगे।

प्रिंस्टन में राहुल के भाषण के बाद भाजपा के महासचिव राम माधव ने कहा कि राहुल रणक्षेत्र छोड़ कर भाग गये हैं और कांग्रेस के प्रचार के लिए दुनिया भर की यात्रा कर रहे हैं। माधव ने कहा कि उन्हें विदेशों में कांग्रेस का प्रचार करने दीजिए, हम भारत में राजनीति करेंगे। लेकिन राहुल पर इस हमले के पहले भाजपा गुजरे तीन सालों का वह समय भूल गई जब उनकी पार्टी के नेता और भारत के प्रधानमंत्री विदेशी जमीन पर भारत के उस विपक्ष पर तंज कसते थे, जो चुनाव हार गया। तब शायद भाजपा यह भूल गई थी कि लोकतांत्रिक अवधारणा में महज 31 फीसद वोट पाने के बाद भी वे सौ फीसद भारतीयों के प्रधानमंत्री हैं। लेकिन विदेशी जमीन से लेकर उत्तर प्रदेश में दिए भाषणों तक अक्सर वे महज 31 फीसद लोगों को ही संबोधित करते सुने जाते थे।

वैसे, अमेरिका की धरती पर दिए भाषणों की भारतीय राज और समाज में अपनी अहमियत रही है। स्वामी विवेकानंद ने 1893 में शिकागो में हुए धर्म संसद में जो 'मेरे अमेरिकी भाइयो और बहनो' कहा था, उसकी अनुगूंज इतिहास के पन्नों में आज तक है। विवेकानंद ने कहा था, 'मुझे गर्व है कि मैं उस देश से हूं, जिसने सभी धर्मों और सभी देशों के सताए गए लोगों को अपने यहां शरण दी'। अमेरिकी शहरों में मोदी के भाषण और भीड़ को भाजपा खेमे ने कितना भुनाया–वह इतिहास में दर्ज हो चुका है। और, आज उसी अमेरिका की धरती पर राहुल गांधी मोदी के 'न्यू इंडिया' को चुनौती दे रहे हैं।

बर्कले से लेकर प्रिंस्टन। राहुल के भाषण देते ही सोशल मीडिया पर पोगो, पप्पू, नानी घर और अभिनेत्री आलिया भट्ट के साथ गढ़ी गई उनकी बचकानी बातचीत वायरल हो जाती हैं। एक खास खेमा राहुल के बोलने और ज्ञान को लेकर हमलावर हो उठता है। लेकिन पिछले दो बार से सोशल मीडिया पर ही इसका प्रतिरोध भी खड़ा हुआ है। यह विडम्बना रही है कि हमारे पिछले प्रधानमंत्री मौन और वर्तमान प्रधानमंत्री मुखर रहने के लिए जाने जाते हैं। पिछले लोकसभा चुनावों के बाद से ही बोलने की कला को नेताओं का सबसे बड़ा गुण बताया जाने लगा, जिसमें मोदी को सबसे आगे तो राहुल गांधी को सबसे पीछे खड़ा कर दिया गया था।

लेकिन जनता ने पिछले तीन साल में यह भी समझ लिया कि सरकार बोलने से नहीं, उस पार्टी की विचारधारा और नीतियों से चलती है जो सत्ता में है। पिछले तीन सालों में भारतीय राजनीति को वाद-विवाद का जैसा मंच बना दिया गया था उसके खिलाफ भी यह नया पाठ तैयार होना सुखद ही कहा जा सकता है।

राहुल ने प्रिंस्टन में कहा कि जो लोग बाजार में एक दिन में 30 हजार नौकरियाँ पैदा करने में नाकाम रहने के लिए हमसे नाराज थे, वही लोग अब मोदी से भी नाराज होने वाले हैं। मुख्य प्रश्न इस समस्या को सुलझाना है। नवउदारवाद की नाकामी के दौर में बहस का दो चेहरा बनाया गया। बेरोजगारी, महंगाई और भ्रष्टाचार के बरअक्स मोदी का चेहरा तैयार किया गया था। और वहीं, मोदी को खारिज करने के चक्कर में उदारवादी विचारकों ने उनके हाथ मजबूत कर दिए। और संघ से जुड़े सभी संगठन इकट्ठा होकर इस बहस को मोदी के पक्ष में ले जाने में कामयाब भी हुए। चाहे वह अखलाक का मामला हो, पहलू खान का या फिर गोरक्षकों का। लगातार कोशिश हो रही थी कि बहस इसी दिशा में जारी रहे। संघ की भी यही कोशिश रही कि कांग्रेस भी उसी उदारवादी एजंडे में ही बंधी रहे। जो विकल्प की बात हुई चाहे लालू यादव, नीतीश कुमार हों या गुजरात का राज्यसभा चुनाव उसमें भ्रष्टाचार के आधार पर ही मुकाबला किया गया। इस उदारवादी बहस में कांग्रेस की छवि नकारात्मक ही बनी और संघ व भाजपा को भी कोई खतरा नहीं महसूस हुआ। सांप्रदायिक बनाम उदारवादी बहस में कांग्रेस का एजंडा फेल हो गया। यहां तक तो सब भाजपा के ही अनुकूल था। बहस की दिशा बदलने में मददगार हुई नोटबंदी, जिसे भाजपा पूरी मोर्चेबंदी के बाद भी खारिज नहीं कर पाई।

नोटबंदी और जीएसटी के बाद के आए नतीजों ने बहस का जो नया केंद्र दिया है राहुल के भाषण को उसी के संदर्भ में समझा जाना चाहिए। महाराष्ट्र से लेकर मध्य प्रदेश तक चले किसानों के आंदोलन ने सवाल उठाए। और जिस सूचना क्रांति के बल पर भारत के युवा बड़े सपने देख रहे थे उसी क्षेत्र में नौकरियों की भारी कटौती से मध्यवर्गीय तबका परेशान हुआ है। जीएसटी के परिणामों का व्यापारियों में असंतोष है। शिक्षा से लेकर रोजगार तक के सवाल बेचैनी से उछल रहे हैं। पेट्रोल की कीमतों से सबसिडी हटाकर उससे मुनाफा कमाने की दिशा हो या शिक्षा के क्षेत्र में जीएसटी लगा उसे भी मुनाफे की राह पर धकेलना। और, इस समय राहुल गांधी उन 30,000 नौकरियों के बारे में सवाल करते हैं जो हर दिन दी ही जानी चाहिए।

विदेशी जमीन से आई राहुल की यह भाषा नवउदारवाद समर्थक कांग्रेस की भाषा से अलग है। उन्होंने कहा कि कांग्रेस इसलिए गई कि रोजगार नहीं दे पा रही

थी और मोदी-ट्रंप की सरकार इसलिए बनी कि लोगों को लगा था कि ये रोजगार देंगे। राजनीति की भाषा में स्वीकारोक्ति (रियलाइजेशन) की भी अपनी अहमियत है। फिलहाल राहुल की भाषा का सबसे सकारात्मक पक्ष यह है कि वे अतीत की खामियों को स्वीकार कर कांग्रेस को ही कांग्रेस का विकल्प बनाने की बात कर रहे हैं। उनकी भाषा में जमीन से दूर रहे राहुल का विकल्प सीखते और स्वीकारते हुए राहुल को ही बना रहे हैं। रोजगार से लेकर अहंकार तक में कांग्रेस की भूमिका को रेखांकित कर रहे हैं। पिछली सरकारों की गलतियों से सबक लेकर अपने मन की नहीं जनता के मन की बात कही है। वे जनता के मन को खारिज नहीं उसे छूने की कोशिश कर रहे हैं। यह सही है कि एक-दो भाषणों से राजनीति की दशा और दिशा नहीं बदलती। मंच का मजमा जल्दी ही उठ जाता है। देखना है कि रोजगार और अहंकार के इस विमर्श को वे 2019 की जमीन पर ला पाते हैं या नहीं।

23.09.2017

गुजरात विधानसभा के चुनाव 2019 के आम चुनाव को ध्यान में रख कर लड़े गए। राजनीतिक विश्लेषक दावा करते रहे कि इस चुनाव के नतीजे भाजपा को आईना दिखाने वाले होंगे। कांग्रेस ने वहां अपनी सारी ताकत झोंक दी। राहुल गांधी अपने नए अवतार में उभर कर आए। नोटबंदी और जीएसटी की खामियों को तो मुद्दा बनाया ही गया, जाति और वर्ग के समीकरण भी खूब ध्यान से बनाए और हल किए गए। निस्संदेह वहां भाजपा के लिए रास्ता आसान नहीं लग रहा था, पर कांग्रेस को ऐसा कुछ हासिल नहीं हुआ, जिससे केंद्र का उसका रास्ता कुछ आसान हो सके। अब राहुल गांधी पार्टी की कमान संभाल चुके हैं, पर उनका प्रभाव देश के परिदृश्य पर कितना और कैसा पड़ा है, यह वक्त बताएगा। पर इस बात से इनकार नहीं किया जा सकता कि पार्टी में जान फूंकने और राजनीतिक ताकत अर्जित करने के लिए उन्हें अभी बहुत कुछ करना है। 2019 के चुनाव में राहुल को किन चुनौतियों से पार पाना होगा इसी पर बेबाक बोल।

राहुल की राह

गुजरात विधानसभा चुनाव नतीजों के बाद भारतीय जनता पार्टी के नेतृत्व, उसके चुनाव प्रबंधन और कामयाबी को लेकर भरपूर विश्लेषण किया जा चुका है। पर इन सबके बीच कांग्रेस और उसको मिले जन के आदेश या संदेश का जिक्र न के बराबर ही रहा। माना जा रहा है कि यह चुनाव परिणाम भाजपा के लिए खतरे की घंटी है, तो कांग्रेस के लिए उज्ज्वल भविष्य की झलक। मगर अब जबकि परिणाम के बाद गूंजती ढोल-मजीरों की आवाज मद्धिम पड़ चुकी है, तो इन नतीजों के कांग्रेस पर असर की बात भी हो जाए। यह सच है कि इस चुनाव में कांग्रेस ने देश के राजनीतिक परिदृश्य में शानदार वापसी की है। उसने गुजरात में 1985 से अब तक का बेहतरीन प्रदर्शन किया है, जबकि यह चुनाव देश और प्रदेश में सत्तासीन भारतीय जनता पार्टी के लिए प्रतिष्ठा का प्रश्न बना हुआ था। दोनों ही प्रमुख दल साम, दाम, दंड, भेद का इस्तेमाल करते हुए प्रचार कर रहे थे।

पर अब बड़ा प्रश्न यह है कि क्या कांग्रेस के लिए इतना काफी है? शायद नहीं। क्योंकि गुजरात में दोनों ही पार्टियों की एक दर्जन से ज्यादा सीटें ऐसी हैं, जो बहुत कम मतों के अंतर से जीती गई हैं। लिहाजा अगर किसी तरह यह अंतर काम भी आ जाता, तो दोनों की स्थिति पर खास फर्क नहीं पड़ता। यानी जीत भारतीय जनता पार्टी की ही होती। ज्यादातर चुनाव विश्लेषक इस जीत-हार में 2019 की सूरत तलाश रहे हैं। लेकिन यहां भी पेच है। जब बात पूरे देश की आएगी, तो कांग्रेस को वही स्थितियां भुनाने को नहीं मिलेंगी, जो गुजरात में मिली हुई थीं। गुजरात में भाजपा बाईस वर्षों से सत्तासीन थी, इसलिए उससे लोगों में जो कुछ नाराजगी थी, कांग्रेस को उसका लाभ मिलना था। पर वही स्थिति देश के स्तर पर नहीं है। क्योंकि केंद्र में सरकार के अभी साढ़े तीन वर्ष हुए हैं।

इतना ही नहीं, इन साढ़े तीन वर्षों में नोटबंदी और जीएसटी जैसे विवादास्पद फैसलों के बावजूद कांग्रेस, भारतीय जनता पार्टी की लोकप्रियता पर कोई खास चोट कर पाने में विफल रही है। गुजरात का परिणाम इसका ज्वलंत उदाहरण है। चुनाव

सर्वेक्षण जो भी कहते हों, पर सच यह है कि गुजरात जाकर आए ज्यादातर वरिष्ठ पत्रकारों और चुनावी पंडितों का यही आकलन था कि वहां भाजपा को कड़ी टक्कर का सामना करना पड़ रहा है और नतीजे हैरान कर देने वाले हो सकते हैं, लेकिन ऐसा हुआ नहीं और ऐसा न होने की सूरत में सबने 'जो जीता वही सिकंदर' की तर्ज पर बात करनी शुरू कर दी। माना जा रहा था कि जीएसटी की सबसे ज्यादा मार सूरत में पड़ी है, लेकिन वहां भाजपा को भरपूर समर्थन मिला। यानी यह आशंका निर्मूल साबित हुई कि शहरों में जीएसटी ने भाजपा की कमर तोड़ दी है। कम से कम गुजरात के चुनाव यह आभास नहीं दे रहे। ऐसे में यह कयास लगाना बेजा नहीं कि देश के स्तर पर भी व्यापारी वर्ग में जिस नाराजगी की बात की जा रही है, वह आम चुनाव में सही न निकले।

कांग्रेस, जो इस समय अपने सबसे कमजोर दौर से गुजर रही है, गुजरात में अपनी ताकत चार गुना बढ़ाने के बाद भी सत्ता से दूर रही। ध्यान रहे, गुजरात में कांग्रेस को पाटीदार नेता हार्दिक पटेल और दो अन्य युवा नेताओं–जिग्नेश मेवाणी और अल्पेश ठाकोर का समर्थन भी मिला। भाजपा को प्रदेश में ज्यादा चोट ग्रामीण इलाकों में झेलनी पड़ी और पटेल, अल्पेश और जिग्नेश के प्रचार का बड़ा केंद्र शहरी इलाके ही थे। आधुनिक सोशल मीडिया के जिन संसाधनों का ये युवा इस्तेमाल कर रहे थे उनकी पहुंच गांवों तक इतनी नहीं है। यहां कांग्रेस को अपेक्षित लाभ मिला। लेकिन यहीं से भाजपा के लिए भी यह सबक मिला है कि आइंदा उसके प्रचार का पूरा झुकाव ग्रामीण इलाकों में होने जा रहा है। ये तीनों नेता, जो कांग्रेस के साथ हुए, बिल्कुल स्थानीय हैं। और 2019 में जब कांग्रेस देश की सत्ता के लिए मैदान में उतरेगी, तब वह इन नामों के प्रभाव का कोई इस्तेमाल नहीं कर पाएगी। राष्ट्रीय स्तर पर पिछड़ों और दलितों के वोट बटोरने के लिए और बहुत से दल आगे बढ़ आते हैं। ऐसे में कांग्रेस पार्टी राष्ट्रीय स्तर पर ऐसा क्या नया समीकरण बना पाती है, जिससे भाजपा और दूसरे दलों के वोट बैंक में सेंध लगा पाए, यह देखना होगा।

राष्ट्रीय स्तर पर नेतृत्व में बदलाव होने के बाद दावा किया जा रहा है कि कांग्रेस में नया जोश आएगा। पर इसका पार्टी को कितना लाभ मिलेगा, यह वक्त बताएगा। जबकि भाजपा में ऐसी स्थिति नहीं है। आलम यह है कि गुजरात में मतदाताओं पर पार्टी के सीधे प्रभाव के चलते ही वहां पार्टी की जीत संभव हो सकी। राष्ट्रीय स्तर पर लोग सरकार की कुछ नीतियों से असहमत होने के बावजूद चट्टान की तरह उसके साथ खड़े दिखाई दे रहे हैं। लोगों को सरकार से शिकायत हो सकती है,

पर यह वोटों पर परिलक्षित नहीं हो रही है। और यह जगजाहिर है कि 2019 का चुनाव भारतीय जनता पार्टी प्रधानमंत्री की अगुआई में ही लड़ेगी। ऐसे में यह दावा करना मुश्किल है कि राहुल गांधी देश के स्तर पर भी अपने प्रतिद्वंद्वी को वैसी ही टक्कर दे पाएंगे, जैसी गुजरात में दी थी।

2014 का चुनाव भी, जिसमें कांग्रेस के सत्तर साल के शासन की चूलें हिला कर भाजपा सत्ता पर काबिज हुई, राहुल गांधी के नेतृत्व में लड़ा गया था। हालांकि तब संगठन के शीर्ष पर उनकी मां सोनिया गांधी थीं, लेकिन इस बार सारा दारोमदार उन पर होगा। देखना यह होगा कि क्या राहुल गांधी इस चुनौती के लिए तैयार हैं। इसके लिए उन्हें चुनाव या राजनीतिक विश्लेषकों की टिप्पणियों में नतीजे तलाशने के बजाय हर जगह आम जनता की नजरों में झांकना होगा, उनकी इच्छाओं, आकांक्षाओं और जरूरतों को जानना-समझना होगा। तभी कांग्रेस को कुछ राजनीतिक नतीजे हासिल हो पाने की संभावना बनेगी, वरना दस-बीस सीटें आगे-पीछे होकर ही अपनी पीठ खुद थपथपानी या धूल चाटनी पड़ेगी। यह सच है कि राहुल गांधी के आम जनता के सामने आने के अंदाज में फर्क आया है। उनकी संवाद-शैली भी पहले से बेहतर हुई है। सोशल मीडिया पर भी वे 'गब्बर सिंह' का अवतार ढूंढ़ लाए हैं। लेकिन चुनाव और उसके परिणाम उससे कहीं आगे बढ़ कर होते हैं।

कांग्रेस के अब तक के प्रचार-प्रसार और चुनावी तैयारियों को देखें तो वह कहीं से भाजपा के मुकाबले की नहीं ठहरतीं। वह देश के राजनीतिक फलक पर जनता और उससे जुड़ी समस्याओं का कोई सार्थक आख्यान रचने में विफल रही है। कांग्रेस अगर चाहती है कि वह देश में, कम से कम मजबूत विपक्ष की तरह ही, उभर कर आए, तो उसे नारों से आगे निकलना होगा। नारों से हो-हल्ला तो हो सकता है, पर कोई सार्थक नतीजा नहीं निकल सकता। देश की समस्याओं को उछाल देने से लोगों का शोर-शराबा तो हासिल हो सकता है, लेकिन उनके वोट नहीं। पार्टी के नीतिकारों को कुछ ठोस करना होगा। महज नारेबाजी या मुद्दों की आतिशबाजी चलाने से अस्थायी लाभ तो निश्चित हैं, लेकिन उसका कोई स्थायी नतीजा हासिल होने वाला नहीं है।

उसके लिए जरूरी है कि पार्टी महज समस्याएं नहीं, उनका समाधान भी पेश करे। वरना समस्याओं और उनके लिए मौके की सरकार को दोषी ठहरा कर कुछ नहीं होने वाला। राजनीति और उसका हासिल ट्विटर पर चुटीले संवादों से आगे

निकल कर ही हासिल किया जा सकता है। अभी तक के हालात में पार्टी की स्थिति में जो रुझान दिखाई दे रहा है उसको आगे ले जाने की जरूरत है और यह तभी संभव है जब पार्टी अपनी नीति और नेतृत्व दोनों पर कुछ ध्यान दे। देश में इस समय महज पांच राज्यों में कांग्रेस की सरकार है। अगर पार्टी कुछ अपेक्षित परिवर्तन करने में नाकाम रही तो कहीं ऐसा न हो कि कर्नाटक खो जाने की सूरत में उसके पास बस एक ही बड़ा राज्य रह जाए–पंजाब। लोग विश्लेषकों की वह राय अभी भूले नहीं हैं, जब पंजाब की जीत का श्रेय भी कैप्टन अमरिंदर सिंह को ही दिया गया, पार्टी के आला कमान को नहीं।

30.12.2017

पूर्व प्रधानमंत्री मनमोहन सिंह ने संसद में सिख विरोधी दंगों के लिए माफी मांग कर एक नजीर पेश की थी। इसरो, आइआइएम, आइआइटी से लेकर भाखड़ा नांगल तक, इन चीजों का श्रेय कांग्रेस एक पार्टी के तौर पर लेती रही है। तो 1984 में कत्लेआम का वह मंजर जिसने हिंदुस्तान के इतिहास को एक काली तारीख दी, वह किसके हिस्से आएगा? नागरिक को जब भीड़ बना दिया जाता है तो वह दंगाई बन बैठता है। लेकिन नागरिक को भीड़ बनाता कौन है? यह सवाल 1984 से पूछा जा रहा है। मनमोहन सिंह की माफी के बाद विदेशी जमीन पर राहुल गांधी कांग्रेस पार्टी को 1984 के लिए क्लीन चिट देते हैं। जिस पीड़ा को पीढ़ियों ने भुगता और जो अदालत में विचाराधीन है उस पर राहुल अपना निजी फैसला सुना जाते हैं। ऐसे समय में जब कि राहुल अपनी छवि एक जिम्मेदार विपक्षी नेता की बना रहे हैं तो सवाल यह है कि क्या कांग्रेस अध्यक्ष इस सवाल के लिए तैयार नहीं थे, या उनका यह तयशुदा जवाब सलाहकार मंडल द्वारा तैयार था। बीच बहस में आई '84 पर बेबाक बोल।

फिर '84

'इंदिरा गांधी की हत्या एक राष्ट्रीय त्रासदी थी। उसके बाद जो हुआ उससे हमारा सिर शर्म से झुक गया। मुझे सिख बिरादरी से माफी मांगने में कोई संकोच नहीं है, मैं 1984 की घटना के लिए सिर्फ सिखों से नहीं पूरे देश से माफी मांगता हूं'। 11 अगस्त 2005 को संसद में जब प्रधानमंत्री मनमोहन सिंह की आवाज गूंजी थी तो उस दिन भारतीय लोकतंत्र और मजबूत हुआ था। यह माफी उस पार्टी के प्रधानमंत्री मांग रहे थे, जिस पर 1984 में सिख दंगों को भड़काने का आरोप है। यह माफी वो मांग रहे थे जो खुद सिख बिरादरी से आते हैं। यह बहुत देरी से निभाया 'राजधर्म' था।

इंदिरा गांधी की हत्या भारत के लिए जितनी बड़ी त्रासदी थी उससे बड़ी त्रासदी बनकर उभरा सिखों के खिलाफ दंगा। यह दंगा बानगी थी सत्ता के अहंकार की। यह बानगी थी 'राजधर्म' से आंखें मूंदने की। यह बानगी थी उस मानसिकता की कि अगर किसी खास मजहब या संप्रदाय के लोगों ने कोई अपराध किया, और उसे मानने वाले लोग अल्पसंख्यक हैं तो उस पूरी कौम को ही दोषी मान लो। इंदिरा गांधी की हत्या उनके सिख अंगरक्षकों ने की तो पूरी सिख कौम के खिलाफ नफरत उमड़ पड़ी। कांग्रेस की सत्ता थी और आरोप है कि कांग्रेसी हुक्मरानों ने हर उस घर, गली, सड़क, चौराहे से आंखें मूंद लीं जहां सिखों का कत्लेआम हो रहा था, उनके घर जलाए जा रहे थे, दुकानें लूटी जा रही थीं। दिल्ली से लेकर देश के कोने-कोने तक हर सिख इंदिरा गांधी की हत्या का दोषी था। बड़ा पेड़ गिरा था तो छोटे पौधों और कोपलों को रौंदने से रोकने वाले मुंह दूसरी तरफ कर चुके थे। 1984 में कांग्रेस के हुक्मरानों पर गलती करने के जो आरोप हैं उसके लिए मनमोहन सिंह ने 2005 में माफी मांग कर देश और दुनिया को एक सकारात्मक संदेश दिया। लेकिन 2018 में विदेशी जमीन पर राहुल गांधी ने इस हिंसा के लिए कांग्रेस पार्टी को पाक-साफ करार देकर वक्त की सूई फिर '84 पर मोड़ दी और एक नई बहस छेड़ दी। गलती कबूल कर सुधार की ओर बढ़ने से सकारात्मक राह और कोई नहीं हो सकती।

मनमोहन सिंह के जरिए उस वक्त पार्टी ने वही सुधार की राह चुनी। लेकिन दंगों में कांग्रेस पार्टी की भूमिका को नकार कर राहुल गांधी ने उस पूरी पीड़ा को एक बार फिर सामने ला दिया जो एक बड़े समुदाय ने भुगती।

कांग्रेस अध्यक्ष कहते हैं कि दंगों में कांग्रेस पार्टी की कोई भूमिका नहीं थी। ऐसे दंगों में पार्टी की वैसी सीधी, दस्तावेजी भूमिका होती भी नहीं है। कोई भी पार्टी प्रेस कॉन्फ्रेंस करके दंगा नहीं करवाती, न ही दंगे पर फैसला लेने के लिए कोई कार्यकारिणी परिषद की बैठक बुलाती है। एक घटना घटित होती है और उस पर सत्तारूढ़ पार्टी का रवैया क्या है आगे का माहौल बहुत कुछ इसी से तय होता है। एक बड़ा आरोप है कि कांग्रेसी नेताओं ने हिंसात्मक माहौल को बढ़ाने में मदद की। एक ऐसी प्रधानमंत्री की हत्या होती है जो पूरे देश में लोकप्रिय थीं, अपनी पार्टी का संबल थीं। ऐसी घटना के बाद एक संवेदना आती है, भावनात्मक कष्ट और दुख पैदा होता है। यहीं पर उस सत्तारूढ़ पार्टी की जिम्मेदारी बहुत बढ़ जाती है जिसकी नेता की हत्या हुई है क्योंकि वो देश की भी नेता हैं। जनता की भावनाओं का ज्वार फूटना स्वाभाविक होता है। यहीं से पार्टी का काम और हस्तक्षेप शुरू होता है कि वह इस पीड़ा और भावना को कौन सा मोड़ दे। गलत के प्रति कांग्रेस पार्टी का रवैया क्या था? आरोप है कि कांग्रेस की सत्ता से जुड़े लोगों ने इसे देश की पीड़ा के बदले देश के गुस्से के माहौल में बदल दिया। सड़कों पर बदले की हिंसा का खून बहने लगा। आज राहुल गांधी वैश्विक मंचों पर अपनी लोकतांत्रिक छवि पेश करने में जुटे हैं। वे एक मजबूत विपक्ष की आवाज भी बन रहे हैं। मुद्दों को लेकर उनकी समझ भी स्पष्ट हो रही है। लेकिन वैश्विक मंच पर '84 के दंगों जैसे मामलों पर जवाब देने के लिए उन्हें और उनकी टीम को बेहतर तैयारी करनी थी। आज जब आप विपक्ष के रूप में सत्ता पर सवाल कर रहे हैं तो उस वक्त के भी सवाल उठेंगे जब आप सत्ता में थे। तो क्या यह एक तयशुदा जवाब था जो उन्होंने बहुत सोच-समझ कर दिया?

मनमोहन सिंह संसद में एक मानवीय बयान देकर, उस पीड़ा के साझीदार बने थे। लेकिन राहुल गांधी ने जो बयान दिया उससे पूरी हिंसा और दंगे को एक बार फिर से प्राकृतिक घोषित करने जैसा लगने लगा। यह उस पीड़ा पर नमक छिड़कने जैसा था जिसकी टीस पीढ़ियों ने भुगती है। कभी उनके पिता ने भी बड़ा पेड़ गिरने जैसे संवाद कहे थे, जिसकी व्यापक आलोचना हुई थी। आज जब भी '84 की बात आती है तो राजीव गांधी का वह बयान भी गूंज जाता है। इसलिए राहुल गांधी को इस संवेदनशील मसले पर खासी सावधानी बरतनी चाहिए थी। जो मामला अदालत में विचाराधीन है उस पर अपनी तरफ से फैसला नहीं सुना देना चाहिए।

इसके साथ ही राहुल गांधी विदेश की धरती पर आतंकवाद को बेरोजगारी से जोड़ने की अतिशयोक्ति कर डालते हैं। उन्होंने कहा कि बेरोजगारी के कारण लोग आतंकवादी बन रहे हैं। ऐसा कहते वक्त शायद वे अल जवाहिरी, बुरहान वानी और वैसे कई आतंकवादियों के सरगनाओं के नाम भूल गये थे जो इंजीनियर से लेकर प्रबंधन तक की बेहतरीन नौकरी में थे। इन लोगों ने अपने चमकते हुए पेशेवर कॅरियर को छोड़ कर आतंकवाद की राह चुनी थी। इनके दिमाग में जहर फैला था धार्मिक कट्टरता का। इसी धार्मिक कट्टरता की वजह से कोई बढ़िया नौकरी कर रहा इंसान आतंकवादी बनकर किसी पत्रकार, वकील, डॉक्टर, लेखक, बुद्धिजीवी या ब्लॉगर का सिर काटते हुए वीडियो बना और फैला सकता है। राहुल एक जिम्मेदार विपक्ष की तरह जनता से जुड़ने की कोशिश में हैं। लेकिन कुछ कमी रह जाती है कि '84 का दंगा हो या बेरोजगारी, राहुल जनता की पीड़ा के साथ संवाद नहीं कर पाते हैं। राहुल से जब विदेश में '84 के दंगों पर सवाल पूछा गया तो उन्हें याद दिलाना था कि भारतीय संसद में कांग्रेस के प्रधानमंत्री ने ही दंगों के लिए माफी मांगने का संवेदनशील कदम उठाया था। सभी आरोपी नेता न्यायिक प्रक्रिया से गुजर रहे हैं जिसके पूरे हुए बिना अभी कोई फैसलानुमा बात नहीं कही जा सकती। मजबूत विपक्ष के बिना लोकतंत्र मजबूत नहीं हो सकता। यह भारतीय लोकतंत्र की मजबूती है कि राहुल गांधी आज तंत्र से बाहर होकर लोक के लिए सवाल कर रहे हैं। अब उन्हें और सतर्क रहने की जरूरत है ताकि वे उन मुद्दों पर भी पीछे की ओर कदम उठाने की ओर मजबूर न हो जाएं जहां वे दो कदम आगे बढ़ चुके हैं। खासकर उन्हें अपने सलाहकार मंडल की लोकतांत्रिकता पर ज्यादा ध्यान देना होगा तभी वे लोक के नायक बन सकते हैं।

01.09.2018

भारतीय राष्ट्रीय कांग्रेस आने वाले समय में अपने अस्तित्व की परीक्षा से गुजरने वाली है। पांच राज्यों के चुनावों के बीच मध्य प्रदेश, छत्तीसगढ़ और राजस्थान तीन ऐसे क्षेत्र हैं जिन्हें हिंद का हृदय कहा जा रहा है। यानी 2019 के लोकसभा चुनावों से पहले कांग्रेस को अपना रिपोर्ट कार्ड इन्हीं राज्यों की जनता से मिल जाएगा। इन तीन राज्यों में भाजपा सत्ता विरोधी रुझान झेल रही है और उसके मुकाबले सिर्फ कांग्रेस खड़ी है। यहां भाजपा और कांग्रेस के बीच कोई अन्य नहीं है। अगर इन राज्यों में कांग्रेस जनता द्वारा नकार दी जाती है तो इसका साफ संदेश होगा कि कांग्रेस में सांगठनिक ढांचा नाम की कोई चीज नहीं है और रह जाएंगे सिर्फ पार्टी के अगुआ राहुल गांधी। फिलहाल राहुल गांधी का ऐसा कोई करिश्माई व्यक्तित्व नहीं है कि 2019 में जनता सिर्फ उनके चेहरे के बल पर कांग्रेस को वोट दे। इन तीन राज्यों के चुनावों में कांग्रेस के लिए करो या मरो वाले हालात पर बेबाक बोल।

करो या मरो...

मंदिर, मस्जिद, गुरुद्वारे के फेरे पूरे हो गये। जनेऊ पहनने से लेकर हिंदू होने के पुख्ता सबूत देने के साथ कैलाश मानसरोवर के भी दर्शन हो गए। बर्कले से लेकर प्रिंस्टन वाला अध्याय तो उम्दा था ही। संसद में गांधीगीरी वाली झप्पी भी हो गई और सोशल मीडिया पर भी जम गए हैं। तो फाइनल परीक्षा, अंतिम परीक्षा या अग्निपरीक्षा के पहले सारे क्रैश कोर्स पूरे हो गये हैं। उम्मीद है कि आने वाले समय में जब आप अपनी परीक्षा में बैठें तो उत्तम नंबरों से पास होंगे। लेकिन अगर इस बार आप नंबर नहीं जुटा पाए तो यह नाकामी आगे सिर्फ ऋणात्मक अंक ही दिलाएगी जो परीक्षा में फेल होने का आधार बनेगी।

महात्मा गांधी ने जो 'करो या मरो' का नारा दिया था वह आज भारतीय राष्ट्रीय कांग्रेस के सामने सबसे बड़ा सच और सबसे बड़ी चुनौती बनकर खड़ा है। अगले महीनों में होने वाले पांच राज्यों में से तीन राज्यों का चुनाव उसकी साख और अस्तित्व का सवाल है। साख तो इससे भाजपा की अगुआई वाली राजग सरकार की भी जुड़ी है, लेकिन कांग्रेस का तो अस्तित्व ही इससे जुड़ा है। इन तीनों राज्यों की परीक्षा में कांग्रेस पास नहीं हुई तो उसके लिए आगे बहुत लंबे समय तक कोई परीक्षा बचेगी ही नहीं। फिलहाल चुनावी समीक्षक इन तीन राज्यों को हिंद का हृदय कह रहे हैं। इन तीन राज्यों की जनता ही बता देगी कि लोकसभा चुनाव में कांग्रेस का भविष्य क्या होगा। पिछले लंबे समय से मध्य प्रदेश में सत्ता विरोधी रुझान दिख रहा है। किसानों का तीखा विरोध प्रदर्शन सामने आया और गोलियां भी चलीं। तीन बार से मुख्यमंत्री बन रहे शिवराज सिंह चौहान को जनविरोध का अहसास हो चुका है और वे आपदा प्रबंधन में भी जुट गए हैं। उनकी भाषा और प्रचार का तरीका भी पूरी तरह बदल चुका है। जब राहुल हिंदू और मंदिर पर उतर आए तो वहां भाजपा नया मध्य प्रदेश और लोगों की खुशहाली की बात कर रही है। मुख्यमंत्री और उनका तंत्र लोगों को समझाने में जुटा है कि जो नाराजगी है वह स्थानीय प्रशासन

और विधायकों के कारण है। शिवराज सिंह चौहान सब कुछ बदल देने के वादे के साथ नई भाषा बोल रहे तो कांग्रेस भाजपा के हिंदुत्व की उस काठ की हांडी को हाथ में थामे है जिसे भाजपा एक बार आग पर चढ़ा चुकी है। यहां पर कांग्रेस की हार का मतलब होगा शिवराज का अपराजेय बनकर सामने आना और भारत की राजनीति में इतिहास बना देना। लेकिन शिवराज का यह राज कांग्रेस को लंबे समय तक इतिहास बना देगा।

मध्य प्रदेश और छत्तीसगढ़ दोनों ऐसे राज्य हैं जहां भाजपा लंबे समय से है और अब केंद्र में भी भाजपा है। इन दोनों राज्यों में भाजपा सत्ता विरोधी रुझान झेल रही है और वापसी के लिए अपना पूरा दमखम लगा रही है। राजस्थान में एक बार भाजपा और एक बार कांग्रेस वाला हिसाब-किताब है। वसुंधरा राजे सरकार बहुत से मामलों में अलोकप्रियता के चरम पर पहुंच चुकी है। यहां से उठे किसान आंदोलन ने पूरे देश और सरकार को झकझोर कर रख दिया था। भाजपा के शासन वाले इन तीनों राज्यों की सबसे बड़ी अहमियत यही है कि यहां भाजपा की कांग्रेस से सीधी टक्कर है। उत्तर प्रदेश, बिहार, बंगाल, केरल व तमिलनाडु से लेकर कर्नाटक तक में अन्य दलों का मजबूत अस्तित्व है। लेकिन इन तीन राज्यों में भाजपा के बअरक्स कांग्रेस ही है। मध्य प्रदेश और छत्तीसगढ़ में लंबे समय से राज कर रही भाजपा के लिए यह राज्य फिर से पाना जितना अहम है उससे ज्यादा अहम यह है कि कांग्रेस इसे भाजपा से छीन पाए। राजस्थान में सत्ता ने विपक्ष को अपनी भूमिका निभाने के लिए जितनी जगह मुहैया करवा दी है उसमें भी अगर विपक्ष यानी कांग्रेस मैदान नहीं जीत पाएगी तो फिर आगे के किसी मैदान में उससे दमखम दिखाने की उम्मीद करना ही बेमानी होगा। भारत में 1998 के बाद का दौर ऐसा आया जब राजनीति दो ध्रुवों में बंट गई। एक ध्रुव का अगुआ भाजपा की अगुआई वाला राजग है तो दूसरे ध्रुव संप्रग की अगुआई कांग्रेस कर रही है। इन दो ध्रुवों राजग और संप्रग के लिए ये तीन मैदान संख्यात्मक दृष्टि से आगे का गणित तय कर देंगे। संख्यात्मक दृष्टि से इन तीनों राज्यों में जिसकी बढ़त होगी, वही आगे की जीत का रास्ता तय करेगा। आगे 2019 में कोई गठबंधन या संयुक्त मोर्चा कैसा बनेगा उसकी बुनियाद भी इन्हीं तीनों राज्यों के नतीजे रखेंगे। ऐसी स्थिति में कांग्रेस को अगर ध्रुव की धुरी बनना है तो उसे सम्मानजनक संख्या चाहिए। इन चुनावों में एक का नंबर बढ़ने का सीधा मतलब है दूसरे का घटना।

छत्तीसगढ़ और मध्य प्रदेश जैसे राज्यों में घोर सत्ता विरोधी रुझान को कांग्रेस अपने पक्ष में नहीं कर पाई तो आगे उसका चुनावी जंग में टिके रहना मुश्किल होगा।

इन राज्यों में जनता द्वारा कांग्रेस को नकारने का मतलब होगा कि पार्टी सांगठनिक स्तर पर पूरी तरह टूट चुकी है और जनता के बीच उसका कोई आधार नहीं बचा है। एक दौर था जब कांग्रेस बाजार और मजबूत तबके के लोगों की पार्टी कही जाती थी और भाजपा को खास बनिया व ब्राह्मण वर्ग के वृत्त में रखा जाता था वह भी उत्तर भारत की हदबंदी में ही। लेकिन पिछले चार सालों में यह परिदृश्य तेजी से बदला है। भाजपा आज पूरे देश की और सारे वर्गों की पार्टी है। वह सभी वर्गों के मतदाताओं को अपनी तरफ आकर्षित करने में सफल रही है। इन तीन राज्यों में यह भी दिखेगा कि कांग्रेस अपने परंपरागत मतदाता को यह भरोसा दिला सकती है या नहीं कि वह उसके हितों की रक्षक है। अगर वह यहां अपने मतदाताओं की वापसी नहीं करवा पाई तो आगे भी मतदाता उसके पास नहीं लौटने वाले। उसका अस्तित्व क्षेत्रीय पार्टियों जैसा ही हो जाएगा। इन तीन राज्यों में कांग्रेस के प्रदर्शन के आधार पर ही संयुक्त प्रगतिशील मोर्चा का भविष्य भी तय होगा। अगर कांग्रेस इन चुनावों में नहीं जीत पाती है तो फिर वह मोर्चे की अगुआई किस हैसियत से कर पाएगी, वहां भी नेतृत्व का संकट होगा। इन राज्यों में कांग्रेस की हार का मतलब लोकसभा चुनावों का एक ध्रुवीय हो जाना होगा। भारत में चुनाव या तो मजबूत सांगठनिक स्तर पर जीते जाते हैं या किसी नेता के करिश्माई व्यक्तित्व पर। इन राज्यों में अगर कांग्रेस नाकाम रही तो यह उसकी सांगठनिक क्षमता के खात्मे की घोषणा भी होगी और आगे के लिए रह जाएगा सिर्फ करिश्मा। अब यह तो साफ है कि राहुल का व्यक्तित्व उतना करिश्माई नहीं है कि पूरा देश उनके नाम पर कांग्रेस को वोट करे। बिना किसी मजबूत संगठन के कांग्रेस राहुल के बल पर तो लोकसभा चुनाव में कोई करिश्मा कर ही नहीं सकती है। इन तीन राज्यों में अगर कांग्रेस और उसके अगुआ राहुल कुछ नहीं कर पाए तो आगे लोकसभा चुनावों में कोई चमत्कार ही कांग्रेस का अस्तित्व बचा सकता है। राजनीति के मैदान में अगर संगठन, रणनीति या करिश्माई व्यक्तित्व नहीं है तो किसी भी तरह के चमत्कार की उम्मीद बेमानी है। कांग्रेस के लिए तो फिलहाल एक ही संदेश है–करो या मरो।

31.10.2018

छविबोध की लड़ाई में पप्पू से प्रधानमंत्री के विकल्प वाले चेहरे तक का सफर। हिंदी पट्टी के तीन हृदयप्रदेशों ने 'पप्पू' को श्रद्धांजलि देते हुए राहुल गांधी को 2019 के अहम खिलाड़ी के तौर पर खड़ा कर दिया। हर चुनावों के बाद पिक्चर अभी बाकी है की संवाद अदायगी करने वालों को तस्वीर से ही बाहर कर दिया गया। नब्बे के दशक के बाद से कॉल सेंटर और डोनेशन वाली इंजीनियरिंग, मेडिकल और प्रबंधन की सीटों पर झूम रहे मध्यवर्ग ने अपने शहरी मैदान में किसानों का स्वागत किया और एक-दूसरे की तकलीफों को साझा कर अपनी बेरोजगारी और उनकी आत्महत्या के बीच तार जोड़ा। मध्यवर्ग के अभाव के भाव में खेती-किसानी का प्रवेश हुआ। चुनावी नतीजों में जीते हुए उम्मीदवार उन राजनीतिक विद्वानों और टिप्पणीकारों से भी सवाल पूछ रहे हैं जो छत्तीसगढ़ सरकार के जनसंपर्क विभाग से हार गए। कांग्रेस को भी सबक देते हुए मध्य प्रदेश की जनता ने बहुमत से दो कदम दूर रखा। चुनाव नतीजों पर बेबाक बोल।

‘जनपथ’

‘हमारी अप्रोच अलग है। बीजेपी की एक विचारधारा है। हम उस विचारधारा के खिलाफ लड़ेंगे। हम उनको हराएंगे। हमने आज हराया है। उनको हम 2019 में भी हराएंगे। मगर हम किसी को भारत से मुक्त नहीं करना चाहते हैं। अगर लोगों की सोच हमसे अलग है तो हम उस सोच से लड़ेंगे, हम उन्हें देश से मिटाना नहीं चाहते’। कांग्रेस अध्यक्ष बनने के ठीक एक साल बाद 11 दिसंबर 2018 को आया राहुल गांधी का यह बयान उस लोक के प्रति कृतज्ञता मानी जानी चाहिए, जो तंत्र को लोकतंत्र बनाता है। समरसता, सद्भाव और बहुलवाद की यह भाषा उस बड़ी हार के बाद आई है जिसके बाद आप भारत के नक्शे पर क्षेत्रीय पार्टियों जैसा अस्तित्व भी नहीं रख पा रहे थे। आपको एक पूरी साख की लड़ाई लड़नी थी। आपके खिलाफ जो नकारात्मक भाव था उसकी जंग बहुत आसान नहीं थी।

लोकतंत्र एक ऐसा तंत्र है जिसमें किसी क्रांतिकारी बदलाव की उम्मीद नहीं करनी चाहिए। और, जिस चीज को हम क्रांति का नाम देते हैं वह है लोक की अनदेखी। हम हकीकत को अनदेखा करते हैं, जमीन को छोड़ आसमान की बात करते हैं और जो परिणाम सामने आता है उसे क्रांति कहते हैं। चुनावी जीत के बाद राहुल की जो भाषा है वह कितनी देर तक कायम रहेगी हम नहीं जानते, लेकिन हम यह जानते हैं कि एक खास समयावधि के बाद जनता आपको यह भाषा बोलने के लिए मजबूर करती है। लोकतंत्र में हमेशा सब कुछ बहुत अच्छा नहीं रहता है। लेकिन अच्छा होने की उम्मीद, उसके लिए प्रयास, और वह सुबह हमीं से आएगी वाला भाव उस भ्रम को बनाए रखने के लिए जरूरी होता है जो हकीकत में लोकतंत्र है और जो बार-बार कुचले जाने के बाद भी धूल झाड़ कर खड़ा हो जाता है।

जीत के बाद कांग्रेस अध्यक्ष की समरसता की भाषा को मध्य प्रदेश में खिले कांग्रेस के ‘कमल’ भी सुन रहे होंगे जो कहते सुने गए कि हमें जीत के लिए फलां अल्पसंख्यक समुदाय के इतने फीसद वोट चाहिए। दूसरी ओर उन लोगों ने भी आप पर वार करना शुरू कर दिया है कि अल्पसंख्यक होने के कारण हम पर हमला

करने के आरोपी आप भी हैं। इस भाषा को कांग्रेस के कारवां के वे वीर जवान भी सुन रहे होंगे जिन्हें चुनाव सिर्फ धार्मिक तुष्टीकरण की जीत और हार के रूप में ही समझ आता है। इस सेमीफाइनल के बाद फाइनल के लिए आपकी भाषा भी ठीक होगी इसके लिए उम्मीदजदा होने में कोई हर्ज नहीं है।

तीन हिंदी भाषी राज्यों की बात करें तो राहुल गांधी का वह साहसिक कदम भी सराहना के दायरे में आएगा जब उन्होंने मायावती के कांग्रेस से कट्टी के एलान के बाद भी संयम रखा और अकेले चलने का फैसला किया। लोकतंत्र में पहचान की राजनीति के जो दबाव हैं राहुल ने उसे पूरे आत्मविश्वास के साथ झेला। कांग्रेस और राहुल को सब यही सलाह दे रहे थे कि अलग-अलग पहचानों को तुष्ट नहीं करेंगे तो कुछ हासिल नहीं कर पाएंगे। इतना ही नहीं, बसपा की राजनीति से जुड़े रणनीतिकार मायावती को 2019 के प्रधानमंत्री के चेहरे के रूप में भी पेश करने लगे थे। कहा जा रहा था कि मध्य प्रदेश, छत्तीसगढ़ के बाद उत्तर प्रदेश में हाथ मिलाकर जो नक्शा बनेगा उसमें प्रधानमंत्री के तौर पर मायावती का चेहरा ही फिट बैठ सकता है। शायद इसका ही असर था कि कुछ कांग्रेसियों ने तो कहना शुरू कर दिया था कि हमारी लड़ाई 2024 के लिए है।

लेकिन इन तीन राज्यों के जनादेश के बाद पिक्चर अभी बाकी है की संवाद अदायगी करने वाले रणनीतिकार तस्वीर से ही गायब हो गए हैं। अब बदले माहौल में मायावती खुद ही एलान कर रही हैं कि वे राहुल गांधी को समर्थन देंगी। मायावती के इस एलान के साथ ही राहुल गांधी का आत्मविश्वासी चेहरा भी सामने आता है।

छविबोध वाली लड़ाई में पप्पू से प्रधानमंत्री के चेहरे तक का विकल्प। राजनीतिक परिदृश्य के संदर्भ में 1992 के बाद मंडल बनाम कमंडल का दौर शुरू हुआ। राजीव गांधी की हत्या के बाद कांग्रेस में नरसिंह राव और मनमोहन सिंह का चेहरा आया। गांधी परिवार का प्रतिनिधित्व प्रधानमंत्री दफ्तर से बाहर हो गया। इसी समय विकल्प का स्वर आया कि कांग्रेस के पास कोई विकल्प नहीं है। विचारधारा में भी विकल्पहीनता की स्थिति देखी गई। सोनिया गांधी को विदेशी मूल के मुद्दे पर खारिज किया जा चुका था और उसके बाद राहुल गांधी की 'पप्पू' की छवि बनाना। वहीं से कांग्रेस मुक्त भारत का नारा भी आता है।

1992 के बाद कांग्रेस इतने आत्मविश्वास में कभी नहीं देखी गई थी जितनी ताजा चुनावी नतीजों के बाद दिखी। कर्नाटक में कुमारस्वामी को समर्थन देकर मुख्यमंत्री पद के बिना सरकार का हिस्सा बनना और आज तीन राज्यों में कांग्रेस का मुख्यमंत्री बनना। अभी तक कहा जा रहा था कि कांग्रेस किस हैसियत से गठबंधन

की अगुआई करेगी और पहचान पर हावी राजनीति वालों के साथ गठबंधन का कोई विकल्प नहीं। कांग्रेस का आत्मविश्वासी चेहरा पिक्चर अभी बाकी है वाले मोलभाव वाली पहचान की राजनीति के लिए भी सबक है अगर वे लेना चाहें तो।

हम और हमारे जैसे कई टिप्पणीकार बार-बार इन तीनों राज्यों के चुनावों को 2019 के लोकसभा चुनाव का सेमीफाइनल बता रहे थे और हम सबका यह आकलन सही निकला। मंदिर-मस्जिद, गंगा, गोशाला से निकाल कर रिमोट कंट्रोल जनता ने अपने पास रख लिया है। वरना जिस तरह से कांग्रेस के नेता प्रेस कॉन्फ्रेंस में हाथ में गंगाजल लेकर पत्रकारों के सामने कसम खा रहे थे उससे तो यही लगता था कि इस चुनाव का भी वही हाल होगा कि जितनी चाबी भरी 'राम' ने उतना चले खिलौना।

इन तीनों राज्यों के परिणामों से भी लोकतंत्र की उसी तरह से वापसी हुई है जिस तरह से मई 2014 में हुई थी। भले ही यह एक राजनीतिक दल का नारा बनाया गया लेकिन जनता हमेशा अच्छे दिन के लिए ही वोट देती है। उसके अच्छे दिन अपने देश, काल, समाज, वर्ग और तत्कालीन हालात से तय होते हैं। मई 2014 भी एक सजग लोकतंत्र का चेहरा था, कांग्रेस को सबक सिखाने का, जन से दूर जाने का।

2014 के लोकसभा चुनावों के बाद से पूरे देश में चुनाव ही चुनाव हैं। इसका विकल्प कौन, उसका विकल्प कौन, टीना (देयर इज नो अल्टरनेटिव) की गूंज में पूरा देश चुनावी जंग लड़ रहा था। हर एक चुनावी नतीजों के बाद नया चाणक्य और नया सिकंदर, नेपोलियन और वाटरलू आ रहा था। यूपीए के खिलाफ जो अवाम और वाम के विकल्प का चेहरा बने थे, आज उनसे ज्यादा वोट नोटा को मिले।

कुल पांच राज्यों का चुनाव राजनीतिक दलों के साथ छविबोध की राजनीति के दुकानदारों के लिए भी सबक है। उन राजनीतिक विद्वानों के लिए भी सबक है जिनका सारा आसमानी ज्ञान छत्तीसगढ़ जनसंपर्क विज्ञभाग की जमीन पर बना था। इन नतीजों के बाद उस सरकारी निवास वाले नहीं बल्कि असली 'जनपथ' की बात भी कांग्रेस आलाकमान के मुंह से सुनी गई जो नवउदारवादी नीतियों की आंधी में भुला दिया गया था। अब देखना है कि आत्मविश्वास लौटने के बाद राहुल राजपथ की ओर बढ़ते हुए असली जनपथ पर चलने का साहस करते हैं या नहीं। लब्बोलुआब में संदेश तो यही है कि कांग्रेस के राजपथ का रिमोट कंट्रोल 'जनपथ' के पास ही है।

15.12.2018

राहुल गांधी को खुद के अंदर के विपक्ष को अनसुना नहीं करना चाहिए। यह वक्त है सड़े हुए ढांचे में विस्फोट कर खुद के खिलाफ खड़े होने का। राहुल खुद तो पद छोड़ें ही साथ ही उन्हें भी छोड़ने के लिए मजबूर करें जो गांधी-नेहरू परिवार के नाम पर सिर्फ अपना ही परिवार देख रहे थे। आज पूरे हिंदुस्तान की जमीन राहुल गांधी की कर्मभूमि है। दरबारी राग से निकल कर जनता के दिलों की आग में झुलसेंगे तो खरा सोना बनकर निकलेंगे। यह वक्त है जब आप खुद के खिलाफ जाकर खुद को पाएं। कांग्रेस और राहुल के इस करो या मरो वाले समय पर बेबाक बोल।

खुद के खिलाफ

अब तक तो सब कुछ पूर्व अनुमानित लकीर के फकीर जैसा ही होता दिख रहा है। राज्यों में कांग्रेस हारती है, वहां के कर्ताधर्ता इस्तीफा देते हैं, जो नामंजूर होता है। 2014 में सोनिया गांधी और राहुल गांधी ने इस्तीफे की पेशकश की थी जो मंजूर नहीं हुई थी। अब लोकसभा चुनाव में औंधे मुंह गिरने के बाद कर्णधारों की तरफ से इस्तीफों की बाढ़ तो आ गई है, लेकिन अभी तक किसी के कंधे से तमगा उतारा नहीं गया है।

सोनिया गांधी पर दरबारी कांग्रेसियों से घिरे रहने के आरोप लगते थे। लेकिन यह आरोप तब सच साबित हुआ जब हार के बाद राहुल गांधी ने अपनी पीड़ा जताई। कांग्रेस के संविधान के अनुसार अध्यक्ष फैसलों के लिए सर्वोपरि है। इसके बावजूद टिकट बंटवारे में राहुल गांधी के हाथ बंधे रहे। उन्होंने साफ-साफ कहा कि मैंने मुख्यमंत्रियों के बेटों को टिकट देने का विरोध किया तो मेरा विरोध शुरू हुआ। हालात ऐसे हैं कि जिन लोगों पर राहुल गांधी ने साफ-साफ इशारा किया, अभी तक उनका कुछ भी नहीं बिगड़ा है। इसके उलट वे लोग राहुल को इस्तीफा नहीं देने के लिए मना रहे हैं।

राहुल की मुश्किल यह है कि वे उस दाग पर सवाल उठा रहे हैं, जो उनके दामन पर भी लगा है। राहुल गांधी कह रहे हैं कि दिग्गज नेताओं ने अपनी पूरी ऊर्जा अपने वारिसों को जिताने में लगाई और पार्टी की लुटिया डुबो दी। तो क्या आज राहुल के पास यह नैतिक बल नहीं है कि वे उन मुख्यमंत्रियों को निकाल-बाहर करें जो पूरा चुनाव सिर्फ अपने वारिसों के लिए लड़ते रहे।

राहुल गांधी कह रहे हैं कि एक महीने के अंदर उनका विकल्प चुन लिया जाए। राहुल को अपने इस रुख पर पूरी तरह कायम रहना चाहिए। इसके साथ ही एक महीने में उन्हें यह व्यवस्था करनी चाहिए कि चमचों को हाशिए पर कर दें। आम कांग्रेसी कार्यकर्ताओं को अधिकार दिया जाए कि नेहरू-गांधी परिवार से इतर अपना अध्यक्ष चुने। राहुल अगर कांग्रेस को इतिहास की किताब में खत्म अध्याय होने से

बचाना चाहते हैं तो उन्हें खुद वारिसी कुर्सी को खाली कर जमीन पर आना होगा। राहुल वंश-बेल की ही उपज हैं इसलिए उन्हें दूसरों को जवाब देने में समस्या आ रही है। ढर्रे को बदलने के लिए उन्हें खुद बदलना होगा। राहुल गांधी के लिए इससे बेहतर समय कुछ और नहीं हो सकता है। आपको जिस जनता की रहनुमाई करनी है उसके बीच जाइए। वह जनता ही आपको सिखाएगी-पढ़ाएगी और अपना नेता बनाएगी। यह दरबार से दूर होकर जनता का राग समझने का वक्त है।

महज यह कहकर कि वंशवाद सारे दलों में है, राहुल को खुद को माफ नहीं करना चाहिए। कांग्रेस पार्टी का इतिहास आधुनिक भारत के इतिहास के साथ शुरू होता है। इस पार्टी की नींव में आजाद भारत की बुनियाद भी है। कांग्रेस का इतिहास जब समृद्ध और अलग है तो फिर उसके अगुआ को आज भेड़चाल का हिस्सा क्यों बनना चाहिए कि यह कहां नहीं है। प्रजातंत्र में प्रतीकों का अपना महत्त्व है। राजीव गांधी की हत्या के बाद पूरी कांग्रेस सोनिया गांधी पर निर्भर हो गई थी। वे खुद सक्रिय राजनीति में आने की इच्छुक नहीं थीं लेकिन उन्होंने ऐतिहासिक जिम्मेदारी निभाते हुए एक गृहिणी का चोला उतार सार्वजनिक नेता का बाना पहना। कांग्रेस को फिर से पांवों पर खड़ा कर उस हाल तक लाईं कि वे प्रधानमंत्री हो सकती थीं। विदेशी मूल के मसले पर हंगामा होते ही उन्होंने अपने कदम पीछे कर लिए। विदेशी मूल का मुद्दा एक भावनात्मक मुद्दा था जिसकी गहराई को सोनिया गांधी समझ रही थीं। उस वक्त बहुत से चाटुकारों ने सोनिया गांधी को कहा होगा कि यह मौका गंवाना नहीं चाहिए, आपको प्रधानमंत्री बनना चाहिए। पर, सोनिया ने दरबारियों की बात न मान जनमानस का ख़्याल रखते हुए इतिहास में अपना नाम दर्ज कर लिया। सोनिया ने जनता के बीच रहने के लिए ही जनादेश को एक नया अर्थ दिया था। लेकिन 2019 में उनकी बेटी प्रियंका गांधी वाड्रा अपनी मां की इस विरासत को नहीं समझ पाई थीं। जब रॉबर्ट वाड्रा पर भ्रष्टाचार के आरोपों में प्रवर्तन निदेशालय का शिकंजा कसता गया और उनकी गिरफ्तारी की भी आशंका जताई जाने लगी तभी राहुल गांधी अपनी बहन को पूर्वी उत्तर प्रदेश में कांग्रेस महासचिव बना देते हैं। ऐन चुनावों के समय प्रियंका गांधी को आधिकारिक मोहर के साथ उत्तर प्रदेश में उतार दिया गया।

2014 में भ्रष्टाचार विरोधी आंदोलन की आंधी में ही कांग्रेस के पांव उखड़े थे। इसके बावजूद 2019 में प्रियंका गांधी वाड्रा को तुरुप के पत्ते की तरह उतारा जाता है। रॉबर्ट वाड्रा पर अभी आरोप साबित नहीं हुए हैं, लेकिन वे गंभीर हैं। यह वह समय था जब नामदार और कामदार की बहस छिड़ चुकी थी। कांग्रेस अभी तक इसी गुमां में थी कि इंदिरा गांधी से मिलता-जुलता चेहरा ही जनता को प्रभावित करने

के लिए काफी होगा। लेकिन पिछले 70 सालों में राजनीति का पाठ बिल्कुल बदल चुका है और कांग्रेस ने प्रियंका को उतार उसी वंशवाद और भ्रष्टाचार के आरोप को आगे बढ़ाया। प्रियंका गांधी वाड्रा की बेपरवाही का आलम यह था कि कांग्रेस दफ्तर में अपना आधिकारिक पद संभालने के पहले वो मीडिया और गाजेबाजे के साथ अपने पति रॉबर्ट वाड्रा को प्रवर्तन निदेशालय के दफ्तर में पूछताछ के लिए छोड़ने गईं। पति का हाथ थाम तस्वीरें खिंचवाईं। छवि-बोध की लड़ाई में वे भ्रष्टाचार के आरोपी की पत्नी भर थीं। नब्बे के दशक के बाद से क्षेत्रीय दलों के उभारों ने 'राष्ट्रीय नेता' के वजूद को खत्म कर दिया था। सीटों का आंकड़ा ही किसी को सिकंदर बना रहा था। लेकिन 2019 ने नागरिकशास्त्र और राजनीतिशास्त्र के पुराने पाठ्यक्रम को बदल दिया है। टिक-टॉक जैसे ऐप से खुद ही स्टार बनी जनता को अब राजा-रानी की कहानी उनके वारिसों की जुबानी सुनने में कोई दिलचस्पी नहीं रही। आप आज के समय में क्या, क्यों और कैसे हैं उसे इससे मतलब है। यह रियलिटी शो का जमाना है जिसमें आपका अविश्वसनीय संघर्ष ही आपके लिए तालियां बजवाता है।

राहुल गांधी वंशनाम ढोते हुए वंशों के मठाधीशों के चक्रव्यूह में फंस चुके थे और जनता ने इस बार इन मठों को ढहा दिया है। अब राहुल को एक महीने का भी इंतजार नहीं कर तुरंत उसी जनता के बीच जाना चाहिए जिसने उन्हें नकारा है। आप उन किसानों के पास जाइए जिसने मध्य प्रदेश, राजस्थान और छत्तीसगढ़ में दिल में बिठाया था। उन नौजवानों के पास जाइए जिन्हें आपमें उम्मीद दिखी थी। उन बच्चों की चिताओं के पास जाकर खड़े हो जाइए जो बुनियादी सुविधाओं के अभाव में जिंदा जल रहे हैं। उन परिवारों के पास जाइए जिनके बच्चे व्यवस्था से निराश होकर जिंदगी की आस तोड़ रहे हैं। राजनीति के मैदान में विपक्ष से ज्यादा बड़ी जमीन किसी के पास नहीं होती। अभी तो पूरा हिंदुस्तान आपकी कर्मभूमि हो सकता है। राहुल को खुद के अंदर के विपक्ष को हारने नहीं देना चाहिए। यह समय है खुद के खिलाफ खड़े होने का। राहुल के सामने अपनी मां की मिसाल है। आगे जीत की उम्मीद रखनी है तो इस हार से सबक लेकर मठाधीशों को बेदखल करें। इन मठों का विध्वंस किए बिना राहुल गांधी के पास पुनर्जन्म का कोई रास्ता नहीं है।

01.06.2019

तृणमूल कांग्रेस की नेता महुआ मोइत्रा जब भारतीय संसद में वाशिंगटन डीसी स्थित होलोकॉस्ट मेमोरियल म्यूजियम के पोस्टर के हवाले से फासीवाद के लक्षण बता रही थीं उसी वक्त पश्चिम बंगाल में तूल पकड़ा 'कटमनी' का मामला वाम की विरासत वाले राज्य में लोकतंत्र का हाल बयान कर रहा था। बिहार के जो नेता भय जता रहे थे कि अगर हम नहीं जीते तो 2019 के बाद चुनाव ही नहीं होगा वे जनादेश के बाद जनता के बीच से ही गायब ही हो गए। इस माहौल में देश की सबसे पुरानी पार्टी के अध्यक्ष राहुल गांधी हार की जिम्मेदारी लेते हुए अपना पद छोड़ने का साहसिक फैसला लेते हैं। नवउदारवादी नीतियों के खिलाफ बोल रहे राहुल गांधी आज कांग्रेस की सामंती मानसिकता के मलबे के ढेर पर खड़े हैं। विपक्ष के सूने मैदान पर राहुल गांधी को कैसी मेहनत और ऊर्जा की दरकार है इसकी बात करता बेबाक बोल...

शर्म उनको मगर...

काबे किस मुंह से जाओगे गालिब
शर्म तुम को मगर नहीं आती

कांग्रेस के वे सभी बड़े नेता जो नेहरू-गांधी परिवार के नाम पर राजनीति में अपने परिवार को आगे बढ़ा रहे थे उन्हें उम्मीद नहीं थी कि राहुल गांधी अपने फैसले पर टिके रहेंगे। जंग-ए-आजादी की विरासत का तमगा पहने पार्टी के बड़े नेताओं को लग रहा था कि हर बार की तरह उनके दबाव में आलाकमान अपना फैसला बदल देंगे और सब कुछ पहले की तरह चलता रहेगा। राहुल गांधी की अपील के बाद भी किसी बड़े नेता ने अपना इस्तीफा नहीं दिया। राहुल गांधी तो अपने फैसले पर टिके रहे, लेकिन अब ये लोग जनता के पास किस मुंह से जाएंगे जिन पर आरोप लग चुके हैं कि कांग्रेस की राजनीति में इनका मकसद सिर्फ अपने बेटों के पांव जमाना है। चुनावों के समय जब ये अपने आरामगाह से निकलेंगे तो क्या जनता से आंखें मिलाते वक्त इन्हें शर्म आएगी?

राहुल गांधी ने हार की जिम्मेदारी लेते हुए अध्यक्ष पद छोड़ दिया है। ट्वीटर खाते पर भी अपना परिचय बदलने में देर नहीं लगाई। राहुल गांधी को यह बात समझ आ चुकी है कि जब जनता के बीच साख नहीं रही तो अपने सामंती सोच वाले समर्थकों के लिए कांग्रेस अध्यक्ष बनकर क्या करना। जनता के बीच की साख की अहमियत उनकी मां सोनिया गांधी ने भी समझी थी। विदेशी मूल वाले मुद्दे के तूल पकड़ने पर सोनिया गांधी ने प्रधानमंत्री का पद ठुकरा दिया था। विदेशी मूल ऐसा भावुक मुद्दा था जिस पर कांग्रेस के कुछ वरिष्ठ भी पार्टी का साथ छोड़ कर चले गए थे। आज अगर राष्ट्रवादी कांग्रेस पार्टी के नेता सोनिया गांधी के इस त्याग की तारीफ कर कांग्रेस में एक हो जाने की बात करते हैं तो सोनिया की दूरदृष्टि को समझा जा सकता है। तारिक अनवर तो घर वापसी कर भी चुके हैं।

यूपीए-दो के शासन के वक्त ही सोनिया गांधी और राहुल समझ चुके थे कि नवउदारवाद के राजमार्ग पर सत्ता का रथ नहीं दौड़ाया जा सकता है। आर्थिक सुधार के नाम पर बनाए उस मार्ग पर कमजोर तबकों के लिए कोई सहायक सड़क नहीं थी। किसान, कामगार सब हाशिए पर पहुंच चुके थे। अर्थव्यवस्था के इस हाल का उपचार अर्थशास्त्र के किसी डॉक्टर के पास नहीं था और कांग्रेस की विदाई तय थी।

2014-2019 के सफर में राहुल गांधी ने भी जनता से जुड़ने में देर कर दी थी। पूरी कांग्रेस पार्टी इसी भरोसे बैठी थी कि लोग महज सरकार बदलने के लिए उन्हें वोट दे देंगे। राहुल गांधी अगर इतने आहत हैं तो वह इसलिए कि उन्हें 23 मई 2019 को अहसास हुआ कि उनकी पार्टी के लोगों का जमीन से कोई रिश्ता नहीं है। उन तक अमेठी से लेकर पूरे हिंदुस्तान तक की जमीनी रिपोर्ट गलत पहुंच रही थी। कुछ लोगों को सच का पता था। शायद इसलिए उन्होंने केरल के वायनाड से भी परचा भर दिया और आज उनके परिचय में लोकसभा के सांसद का पद जुड़ा हुआ है।

2014 की हार के बाद राहुल गांधी ने तो अपनी भाषा बदल ली थी। पिछले पांच सालों में वे उसी अर्थव्यवस्था के कटु आलोचक बने, जिसका रास्ता प्रणब मुखर्जी, डॉक्टर मनमोहन सिंह और पी चिदंबरम ने तैयार किया था। भट्टा पारसौल से शुरू हुई उनकी पाठशाला सबको न्यूनतम आय की योजना तक पहुंची थी। राहुल सीख रहे थे, समझ रहे थे। लेकिन उनकी खुद की भी मेहनत उतनी ज्यादा नहीं थी कि उन्हें वांछित नतीजे मिलते।

पिछले पूरे पांच साल राहुल वर्तमान कांग्रेस यहां तक की खुद के खिलाफ होकर बोल रहे थे। लेकिन अपने व्यक्तिगत प्रदर्शन को वो पार्टी के ढांचे तक नहीं पहुंचा सके। पार्टी का ढांचा वही सामंती सोच का रहा। ऐन चुनावों के समय राहुल जो 72000 वाला घोषणापत्र लेकर आए उसे बड़े-बड़े कांग्रेसी नेता नहीं समझ पा रहे थे तो वो जनता को क्या समझा पाते। यह वह समय था जब ज्यादातर कांग्रेसी अपना सुरक्षित भविष्य देखते हुए भाजपा का दामन थाम रहे थे। 2014-2019 के दौरान कांग्रेसी नेता जितनी बड़ी संख्या में भाजपा में शामिल हुए उससे पता चलता है कि पार्टी के लोग वैचारिक रूप से कितने कमजोर थे। अब तक वे सिर्फ इसलिए कांग्रेसी थे क्योंकि सत्ता कांग्रेस की थी। सत्ता हाथ से निकलते ही कांग्रेस का संगठनात्मक ढांचा ध्वस्त हो गया और उसके मलबे की ईंटों ने सत्ता पक्ष की दीवारों में लग जाना पसंद किया।

राहुल गांधी ने इस्तीफा दे दिया है और कांग्रेस को नेहरू-गांधी परिवार से बाहर का नया अध्यक्ष मिल जाएगा। उसके बाद क्या? क्या कांग्रेस की समस्या सिर्फ वंशवाद है? राहुल गांधी ने अपने इस्तीफे के साथ जो पत्र जारी किया है उसमें तृणमूल कांग्रेस की सांसद महुआ मोइत्रा के नवउदारवादी बौद्धिक वर्ग के भाषण की छाप है। महुआ मोइत्रा संसद में रामधारी सिंह 'दिनकर' की पंक्तियों से सोशल मीडिया पर साप्ताहिक सितारा तो बनी हुई थीं लेकिन पूछने वाले तो पूछ ही रहे थे कि क्या आपको कमजोर होते लोकतंत्र के लक्षण पश्चिम बंगाल में नहीं दिखे थे। वाम शासन के समय से ही शासन की योजनाओं पर माफिया काबिज हो चुके थे। सरकारी योजना से गरीब के घर को बनाने के लिए कौन राजमिस्त्री जाएगा यह भी राजनीतिक गुंडे ही तय करते थे। अब पश्चिम बंगाल में 'मजबूत लोकतंत्र' की निशानी तो देखिए कि एक मुख्यमंत्री राजनीतिक गुंडों से कह रही हैं कि 'कटमनी' यानी गुंडागर्दी से जमा किए गए पैसे वापस करो। सबसे ठगा हुआ तो बंगाल का वह लोक है जिसका जिक्र शायद वाशिंगटन डीसी के होलोकॉस्ट मेमोरियल म्यूजियम के पोस्टर में नहीं होगा।

यहां पर महुआ मोइत्रा के भाषण का जिक्र इसलिए कि राहुल ने देश के हालात को भी अपनी हार के कारणों में गिना है। उन्होंने कहा कि हमारा लोकतंत्र बुनियादी तौर पर कमजोर है और इसके साथ ही खतरा जताया है कि अब चुनाव महज रस्म अदायगी होगी। यहां पर राहुल से सवाल यह है कि भारत का लोकतंत्र अगर कमजोर है तो उसकी इस कमजोरी का जिम्मेदार कौन है? आप पांच साल गायब रहेंगे और ऐन चुनावों के वक्त न्यूनतम आय वाली योजना लेकर आएंगे तो सामने वाले पक्ष के लिए चुनाव तो रस्म अदायगी हो ही जाएगी।

राहुल ने अपने पत्र में कहा है कि भारत में आदत है सत्ता से चिपके रहने की... कोई सत्ता की कुर्बानी नहीं देना चाहता, विरोधियों को बिना कुर्बानी हरा नहीं सकते। इस चिट्ठी को लिखते वक्त अगर राहुल गांधी लोकसभा में अपनी मां सोनिया गांधी का भाषण सुन रहे होंगे तो उन्हें राह वहीं से दिखेगी। संसद में वाम और अवाम खत्म है और पूरे विपक्ष की जमीन खाली है। सोनिया गांधी ने संस्थाओं के निजीकरण के खिलाफ बोल कर जनपक्षधरता का मोर्चा संभाला है। इसके साथ ही राहुल गांधी को अटल बिहारी वाजपेयी के समय का नारा भी याद रखना होगा, 'दो से दोबारा'। लोकतंत्र में अहम जिम्मेदारी विपक्ष की होती है, और उसे ही ज्यादा मेहनत करनी होती है। इतनी बड़ी हार के बाद भी अपने-अपने पदों से चिपके कांग्रेसी बता रहे

हैं कि लड़ाई कितनी मुश्किल है। कांग्रेस ढांचागत स्तर पर ध्वस्त हो चुकी है। इसे सामंती, वंशवादी नेताओं की पकड़ से निकाल जमीन से जुड़े लोगों तक पहुंचाना होगा। राजनीति में कुर्बानी से ज्यादा मायने मेहनत की है। अगर आपने मेहनत नहीं की तो इस कुर्बानी को भी इतिहास में प्रहसन ही माना जाएगा। उम्मीद है, राहुल कड़ी मेहनत के लिए तैयार होंगे, क्योंकि इसके अलावा अब कोई विकल्प है ही नहीं।

20.07.2019

2019 के बाद फिर से विधानसभा चुनाव हैं और इस बार सेमीफाइनल तो छोड़िए कांग्रेस की हालत देख उसे क्वालिफाइंग के लायक भी नहीं माना जा रहा है।

2014 के आम चुनावों के बाद सबसे ज्यादा बहस विकल्प पर हुई थी। खासकर भारतीय राष्ट्रीय कांग्रेस से उम्मीद की गई थी कि वह अपने सामंती ढांचे से निकल खुद को फिर से खड़ा करेगी। लेकिन कांग्रेस में महापरिवर्तन की उम्मीदों की बयार तभी थम सी गई जब लोकसभा चुनावों में राहुल गांधी के इस्तीफे के बाद एक कदम पीछे जाकर उनकी माता को पार्टी की कमान सौंपी गई। हरियाणा जैसे राज्य में जब भाजपा के नेता अबकी बार पचहत्तर पार का नारा लगा रहे थे तो हुड्डा की हुंकार आई कि मैं नहीं तो पार्टी नहीं और उनके सामने समर्पण करते हुए गुलाम नबी आजाद कहते हैं कि आपकी सेवानिवृत्ति के बाद आपके पुत्र का समय आएगा। भाजपा की नई राजनीति की परिभाषा लिखने के दौर में कांग्रेस अपने सामंती मलबे के ढेर से उठना ही नहीं चाहती है। विकल्प से लेकर विकल्पहीनता तक पहुंची इस बहस पर बेबाक बोल।

ऐसे कैसे चलेगा!

पहले युवाओं को तरजीह देने, सब कुछ बदल देने की बात करते हैं फिर अशोक गहलोत, कमलनाथ और भूपेंद्र सिंह हुड्डा के आगे समर्पण कर देते हैं। जब राहुल गांधी को कांग्रेस का राष्ट्रीय अध्यक्ष बनाना था तो युवा-युवा की राष्ट्रीय धुन बजाई गई थी, मानो देश में सब कुछ युवाओं को सौंप दिया जाएगा। वहीं जब राज्यसभा में सदस्य भेजने की बात आई तो उन्हीं मनमोहन सिंह को चुना गया जिनकी उदारवादी आर्थिक नीतियों को लेकर जनता अनुदार हो गई। जिन आर्थिक नीतियों के खिलाफ राहुल गांधी लोकसभा चुनाव के मैदान में गरज रहे थे उसी के अगुआ को उस समय कांग्रेस का प्रतिनिधि बनाया गया जब भारतीय जनता पार्टी ने भारतीय राजनीति की परिभाषा बदल डाली है। लोकसभा चुनाव में करारी हार के बाद राहुल गांधी ने अपने परिवार के इतर कांग्रेस अध्यक्ष ढूंढ़ने की शर्त लगा पद छोड़ दिया। लेकिन लंबी कवायद के बाद एक कदम पीछे जाकर पुत्र की जगह माता को पार्टी की कमान दे दी गई। तो ऐसे कैसे चलेगा भारतीय राष्ट्रीय कांग्रेस!

विरोधाभासों पर व्यंग्य कसने के लिए सोशल मीडिया पर 'ऐसे कैसे चलेगा' का जो संक्रमण फैला था, उसे अगर कांग्रेस पर लागू किया जाए तो व्यंग्य की कड़ियां खत्म होने का नाम ही नहीं लेंगी। इसी स्तंभ में एक बार हमने लिखा था कि कांग्रेस उन सभी राजनीतिक टिप्पणीकारों को शर्मिंदा होने पर मजबूर कर देती है जो कांग्रेस के फिर से जी उठने की उम्मीदें जगाते हैं। जो कहते हैं कि भारतीय लोकतंत्र के लिए देश की 134 साल पुरानी कांग्रेस पार्टी का उठ खड़ा होना जरूरी है। 2019 के लोकसभा चुनावों के बाद जिन राज्यों में अहम चुनाव हैं वहां कांग्रेस नेतृत्व की कमजोरी देख यकीन हो गया है कि सामंती मलबे के ढेर पर खड़ी यह पार्टी नई बुनियाद रखना ही नहीं चाह रही है।

2019 के चुनावों के पहले भी हिंदी प्रदेश के तीन राज्यों के चुनाव को सेमीफाइनल माना गया था। मध्य प्रदेश, छत्तीसगढ़ और राजस्थान के विधानसभा चुनावों में कांग्रेस को उम्मीद की तरह देखा गया था कि इन राज्यों में जीत के

बाद पार्टी भाजपा के सामने कड़ी चुनौती पेश करेगी। लेकिन इन राज्यों में जीत के बाद कांग्रेस गहलोत और कमलनाथ के सामंती चेहरों से आगे बढ़ ही नहीं पाई। राजस्थान में चुनाव जीतने में पार्टी ने जितनी मेहनत नहीं की थी उससे ज्यादा मेहनत वहां के मुख्यमंत्री को चुनने में लगी और उसके बाद एक बगल गहलोत, एक बगल पायलट और बीच में राहुल वाली कांग्रेस की जो सवारी निकली उसे देख कर ही लग गया था कि पार्टी ने कोई सबक नहीं सीखा है। जिस मध्य प्रदेश में जनांदोलनों की वजह से भाजपा सत्ता से बेदखल हुई थी वहां कमलनाथ जैसे दिल्ली से पैराशूट से उतरे हुए चेहरे को चुना गया। राहुल गांधी ने बेबसी में बताया कि मुख्यमंत्री अपने बेटों को जिताने में लगे रहे और बुजुर्ग मुख्यमंत्री कानों में रुई डाल कर कहते रहे कि राहुल तुम अध्यक्ष बने रहो, हम तुम्हारे साथ हैं।

2019 के बाद फिर से विधानसभा चुनाव हैं और इस बार सेमीफाइनल तो छोड़िए कांग्रेस की हालत देख उसे क्वालिफाइंग के लायक भी नहीं माना जा रहा है। जिस हरियाणा में विपक्ष को पूरी तरह से सरकार के खिलाफ हल्ला बोल करना था वहां कांग्रेसियों ने एक-दूसरे की जड़ें खोदने का कीर्तिमान कायम कर लिया। नब्बे विधानसभा सीटों वाले राज्य में भाजपा कह रही है, अबकी बार पचहत्तर पार। यह नारा लगाते वक्त भाजपा ने कुछ नरमी बरती थी कि कम से कम पंद्रह सीटें तो विपक्ष को जीतनी ही चाहिए। लेकिन भाजपा को क्या पता था कि विपक्ष कहेगा कि अबकी बार 72 पार, सीट को लेकर नहीं भूपेंद्र सिंह हुड्डा की अगुआई को लेकर।

हरियाणा के रोहतक में हुड्डा की रैली ने पूरे देश को संदेश दिया कि यह कांग्रेस नेतृत्व पर दबाव बनाने के लिए है और नेतृत्व ने बुजुर्ग नेता की सभी शर्त मान कर संदेश दे दिया कि देश की सबसे पुरानी पार्टी नया कुछ सीखने को तैयार नहीं है। अशोक तंवर को प्रदेश अध्यक्ष पद से हटाने की उनकी मांग के साथ ही हुड्डा को मुख्यमंत्री पद के चेहरे के तौर पर भी पेश कर दिया गया।

रोहतक रैली में हुड्डा ने अनुच्छेद 370 पर केंद्र सरकार का पक्ष लेते हुए कहा, 'अब कांग्रेस पहले जैसी नहीं रही'। लेकिन इस रैली के बाद पार्टी जिस तरह से उनके सामने दंडवत हुई उसे देख कर तो यही लगता है कि कांग्रेस बिल्कुल पहले जैसी है। सोनिया गांधी की कमान में हुड्डा का तुष्टीकरण कर उनके संदेशवाहक गुलाम नबी आजाद ने चंडीगढ़ में कहा, 'अगली बार मैं और भूपेंद्र सिंह हुड्डा संभवत: राजनीति से रिटायर हो जाएंगे। अगला समय दीपेंद्र हुड्डा और कुमारी सैलजा का होगा...।' वंशवाद पर इतनी लानत-मलानत के बाद भी गुलाम नबी आजाद हुड्डा के वंशज से आगे नहीं बढ़ पाए। अगली बार यानी पांच साल बाद

या ताजा चुनावों में ही कांग्रेस पार्टी की क्या हालत होगी यह सोचा होता तो आजाद साहब अभी से ही हुड्डा के पुत्र की ताजपोशी नहीं कर बैठते।

हरियाणा में हुड्डा के दबाव में कांग्रेस 'परिवर्तन रैली' निकाल चुकी तो महाराष्ट्र में उर्मिला मातोंडकर और कृपाशंकर सिंह ने इस्तीफा देकर बता दिया कि किस तरह से कांग्रेस नेताओं की पूरी फौज की भाजपा या अन्य पार्टियों में जाने की महारैली निकली है। झारखंड और पश्चिम बंगाल में पार्टी सांगठनिक कि स्तर पर चरमराई हुई है। दिल्ली में इतने घमासान के बाद भी शीला दीक्षित का विकल्प नहीं खोजा जा सका है।

हम राजनीतिक टिप्पणीकार पिछले पांच सालों से लगातार लिखते आ रहे हैं कि कांग्रेस का मुकाबला भाजपा से है। लेकिन लोकसभा चुनावों के बाद यह साबित हो गया कि फिलहाल कांग्रेस का मुकाबला खुद से ही है। पिछले चुनावों में 52 सीटों पर सिमटी पार्टी के अध्यक्ष राहुल गांधी कह रहे थे कि मुख्यमंत्री अपने बेटों की जीत तय करने में जुटे रहे, प्रियंका गांधी ने सरेआम आरोप लगाया कि रफाल से लेकर अन्य मुद्दों पर मेरा भाई अकेले लड़ता रहा, सबने उसे अकेला छोड़ दिया था। इस बार तो चुनावों के पहले ही दिख गया कि कांग्रेस के वरिष्ठ नेता खुद और अपनी संतानों के सिवाय कुछ सोच ही नहीं सकते हैं। जिस पार्टी के युवा अध्यक्ष ने हार की जिम्मेदारी लेते हुए पद छोड़ दिया उस पार्टी के वरिष्ठ नेता संभावित पद के लिए पार्टी को छोड़ने और तोड़ने के लिए तैयार बैठे हैं। इस समय हम प्रियंका गांधी की पीड़ा महसूस कर सकते हैं कि लोकसभा चुनाव में राहुल कितने अकेले थे।

आज हम हरियाणा के संदर्भ में देखें तो भाजपा ने विकल्पहीनता की स्थिति पैदा कर दी है। जाट आधारित राजनीति से शुरू कर वंश की धुरी पर घूमने वाले कांग्रेस सहित अन्य राजनीतिक दलों का जनता से पूरी तरह संपर्क टूट चुका है। एक खानदान जेल में, दूसरा खानदान आधे इधर, आधे उधर, बाकी मेरे साथ वाली स्थिति में तो एक खानदान जनता नहीं पार्टी को ही अपनी शक्ति दिखा रहा है। हरियाणा के मैदान से कांग्रेस ने राजनीतिक चिंतकों को संदेश दिया है कि आगामी चुनावों में विकल्प नहीं विकल्पहीनता पर बात होगी।

14.09.2019

ज्योतिरादित्य सिंधिया के भाजपा नेता होने के बाद राहुल गांधी ने मीडिया के सामने विचारधारा की लड़ाई की बात तो कही। लेकिन यह कांग्रेस के साथ कहीं भी नत्थी होती नहीं दिख रही है। नब्बे के दशक में कांग्रेस के नवउदारवादी वैचारिक चेहरे के अग्रदूत मनमोहन सिंह बने थे और कांग्रेस के विचारों का इश्तिहार अब भी वही हैं। भाजपा ने हिंदुत्व की अपनी जमीन पर मेहनत करनी शुरू की तो कांग्रेस अपनी धर्मनिरपेक्षता, सरोकार और पक्षधरता की राजनीतिक फसल को बेसहारा छोड़ भगवा दल की विचारधारा में ही बटाईदार बनने पहुंच गई। नतीजा यह कि उसके पास अब अपनी जमीन ही नहीं बची है। वैचारिक संघर्ष से हाथ छुड़ाते ही सिंधिया जैसे नेता का शीर्ष सत्ता की बांह पकड़ना लाजिम था। सत्ता के लिए सिंधिया के संयम और समय से संधि विच्छेद पर बेबाक बोल।

सिंधिया विच्छेद

ज्योतिरादित्य सिंधिया ने भाजपा की सदस्यता स्वीकार कर ली और उन्हें राज्यसभा का टिकट भी मिल गया। तो क्या यह कांग्रेस में भूत बनाम भविष्य की लड़ाई है? क्या सिर्फ इतनी सी बात है कि देश की सबसे पुरानी पार्टी के पुराने लोग नए लोगों को आगे नहीं बढ़ने देना चाह रहे हैं? कांग्रेस आलाकमान बेहतर कदम उठा कर इस हालात को रोक सकता था? सचिन पायलट को राजस्थान तो ज्योतिरादित्य सिंधिया को मध्य प्रदेश की कमान दी जाती तो कांग्रेस बहुत मजबूत स्थिति में रहती, लोकसभा चुनाव में प्रचंड बहुमत बटोरती और राहुल गांधी को कांग्रेस अध्यक्ष पद से इस्तीफा नहीं देना पड़ता? इन सवालों के साथ एक तथ्य यह कि ज्योतिरादित्य सिंधिया अपनी लोकसभा सीट पर बुरी तरह हारे थे। फिलहाल तो भाजपा ने उस नामदार चेहरे का गाजे-बाजे से स्वागत किया है जिन्हें लोकसभा क्षेत्र में कामदार के सवाल पर नकारा गया था।

आजादी के बाद भी भारतीय राजनीति में महारानी और महाराजाओं का बोलबाला कम नहीं हुआ। यह एक ऐसी सामंती विरासत थी जो लोकतांत्रिक रूप से चुने गए नेताओं ने भी ग्रहण की। राजा का बेटा राजा तो मंत्री का बेटा मंत्री। वाम और कुछ चुनिंदा दलों को छोड़ इसमें सभी एक समान हैं। आज भी भारत एक ऐसा लोकतंत्र है जिसमें राजा के बेटे को कहीं कोई दिक्कत नहीं होती। और न ही आजादी के बाद लोकतांत्रिक रूप से चुने राजाओं की संतानों को। कुछ दिनों पहले बिहार के अखबारों में पुष्पम प्रिया चौधरी बिहार के प्रमुख अखबारों में पहले पन्ने का विज्ञापन देकर खुद को मुख्यमंत्री पद का उम्मीदवार घोषित कर देती हैं। पार्टी को पंजीकृत कराए बिना ही घोषणा कर देती हैं कि उनकी पार्टी 'प्लूरल्स' 2020 का बिहार विधानसभा चुनाव लड़ेगी। उनके पिता व जद (एकी) के नेता मीडिया के सामने मासूमियत से बोलते हैं कि सुबह विज्ञापन देख कर उन्हें भी लगा कि यह उनकी बेटी है। उन्हें नहीं मालूम था कि उनकी बेटी ऐसा कोई कदम उठाएगी। अब

उनके पिता को कितना मालूम था यह कोई शोध का विषय नहीं, लेकिन मध्य प्रदेश से लेकर बिहार तक की राजनीति पर शोध जरूर हो सकता है कि पुराने राजाओं से लेकर नए तक के बच्चों को कोई दिक्कत नहीं होती है। उनके पास इतना पैसा है कि सीधे अखबारों में विज्ञापन देकर राजनीति में प्रवेश कर सकते हैं। बिहार इतना पिछड़ा क्यों है शायद यह सवाल पुष्पम प्रिया ने अपने पिता से नहीं किया होगा, जिनकी पार्टी ने डेढ़ दशक से सुशासन और विकास का तमगा थाम रखा है। बिहार में निर्धन से लेकर काले धन के खेल को समझने के लिए पुष्पम प्रिया का विज्ञापन ही काफी है। जिस बिहार की जमीन से कांग्रेस के विकल्प का नारा निकला था, एक विचारधारा निकली थी वहां अब सूरज उगते ही अखबार की जर्सी के रूप में मुख्यमंत्री पद का स्वघोषित उम्मीदवार निकल जाता है।

एक राजनेता की बेटी विज्ञापनों से खुद को मुख्यमंत्री पद का दावेदार घोषित कर देती हैं तो एक राजा से राजनेता बनने वाले की संतान कांग्रेस को छोड़ भाजपा में चली जाती है। अब सवाल यह है कि सिंधिया को भाजपा में ऐसा क्या मिलने की उम्मीद हुई थी। कांग्रेस में आगे वो मुख्यमंत्री बन सकते थे और इसकी संभावना खत्म नहीं हुई थी। अगर राजनीतिक फायदे के रूप से देखें तो लेन-देन का कोई बहुत बड़ा मसला नहीं बनता है। सिंधिया कांग्रेस की केंद्रीय कार्यकारिणी में थे और उनकी अहमियत किसी भी तरह से कम नहीं थी। संसद में राहुल गांधी के आंख मारने के चर्चित घटनाक्रम के वक्त भी दिखा था कि वे पार्टी अध्यक्ष के कितने करीब हैं। लेकिन यह भी सच है कि कुछ भी अचानक नहीं हुआ है।

सिंधिया के मामले में खतरे की घंटी तब बजी थी जब उन्होंने अनुच्छेद-370 के मसले पर ट्वीट किया था। लेकिन इस घंटी को कांग्रेस ने सुना नहीं और ऐन होली के दिन उसका नगाड़ा बज गया कि अब कांग्रेस का क्या होगा। अनुच्छेद-370 पर सिंधिया के अलग सुर से साबित हो गया था कि पार्टी विचारधारा के स्तर पर काफी कमजोर हो चुकी है। देश की सबसे पुरानी पार्टी के बारे में आज अगर चिंता करनी है तो इसी विचारधारा के स्तर पर करनी है।

सिंधिया का कांग्रेस छोड़ भाजपा में जाना विचारधारा का संकट है। कांग्रेस ने खुद को जिस उदारवादी राज और समाज का अग्रदूत बनाया था वह उस पर टिक नहीं सकी। अपनी विचारधारा को बचाने के लिए उसने किया भी क्या? अपनी जमीन पर कठोर श्रम करने के बजाय भाजपा ने अपने हिंदुत्व की विचारधारा पर जो मेहनत की कांग्रेस उसी में बटाईदार बनने के लिए पहुंच गई। कांग्रेस की जमीन पर वैचारिक सूखा है तो भाजपा की हरियाली का हिस्सेदार बनने को कई तैयार हैं।

यह मुख्यमंत्री का पद और राज्यसभा का टिकट तो बहाना है। कांग्रेस के पास कोई वैचारिक धुरी नहीं बची है और उसके अंदर उदारवादी विमर्श खत्म हो रहा है। भाजपा ने कांग्रेस को वैचारिक आधार पर जो बेदखल किया है उसके खिलाफ पार्टी में किसी तरह की छटपटाहट भी तो नहीं दिख रही है। ज्योतिरादित्य का अनुच्छेद-370 के खात्मे के पक्ष में ट्वीट करना इस बात का सबूत था कि कांग्रेस का उदारवादी वैचारिक गढ़ पूरी तरह से ढह चुका है। जिस उदारवाद की वह वारिस है राजनीति के मैदान में उसकी जरूरत को ही खत्म किया जा रहा है। सिंधिया का संकट वैचारिक ही है। 370 पर ट्वीट की घंटी जब मुनादी में बदली तब तक बहुत देर हो चुकी थी।

कांग्रेस अब भी खुलकर अपनी विचारधारात्मक लड़ाई को आगे नहीं लाएगी तो उसके पूरे आधार को ही निगल लिया जाएगा। पिछले कई चुनावों में देखा गया कि विश्वविद्यालय परिसरों से लेकर देश की कई जगहों पर चुनावों में लोगों ने अपने स्तर पर नजरें उठा कर देखा कि हमारी बात कौन कर रहा है। किसानों से लेकर कामगारों का पूरा वर्ग नेतृत्वहीन होकर अपने स्तर पर संघर्ष कर रहा है। दिल्ली में लोगों ने लोकतांत्रिक भाषा बोलने वालों को चुना, लेकिन कांग्रेस की वारिस आम आदमी पार्टी के रूप में।

कमलनाथ, दिग्विजय हों या ज्योतिरादित्य सिंधिया ये सभी कांग्रेस में व्यक्तिवाद के ही प्रतीक हैं। कांग्रेस में व्याप्त व्यक्तिवाद की व्याधि के सामने तो राहुल गांधी तक नहीं टिक सके और उन्हें पार्टी का अध्यक्ष पद छोड़ना पड़ा। जब राहुल गांधी ने एलान कर दिया था कि न तो मैं और न मेरे परिवार का कोई सदस्य पार्टी का अध्यक्ष बनेगा तो उनकी माताजी ही अपने बेटे के सिद्धांत के आड़े आ गईं। सोनिया गांधी चाहतीं तो परिवार के बाहर से एक अध्यक्ष चुना जा सकता था। लेकिन वह भी संभव नहीं हो सका। इसके पहले भी देखा गया है कि कांग्रेस में उन लोगों को हमेशा से बाहर का रास्ता देखना पड़ा है जिन्होंने खुद से अपने अधिकारों की मांग की। लेकिन ऐसा वर्चस्ववादी संघर्ष हर राजनीतिक दल में अपने अलग-अलग रूप में है। यह सब उतना मायने नहीं रखता अगर कांग्रेस ने अपनी वैचारिक लड़ाई छोड़ी नहीं होती।

पिछले कुछ दिनों से ऐसे हर राजनीतिक हादसे के बाद सबसे पहला सवाल यही आता है कि क्या कांग्रेस पार्टी पूरी तरह खत्म हो जाएगी? राहुल गांधी ने विधानसभा चुनाव के समय कांग्रेस के युवा और वरिष्ठ नेता के साथ लियो टॉल्सटाय की पंक्ति से शीर्षक दिया था-दो सबसे शक्तिशाली योद्धा हैं संयम और समय। लेकिन दरबारी

नेताओं के पास यही दो चीज नहीं होती है। अच्छा है कि कांग्रेस का दरबार खाली हो रहा है। आजादी की लड़ाई के समय महात्मा गांधी ने नारा दिया था करो या मरो। अब भी कांग्रेस ने विपक्ष के तौर पर अपनी वैचारिकता को बचाने के लिए कुछ नहीं किया तो उसका मरना तय है। भारत अभी राजनीतिक संभावनाओं की प्रयोगशाला है। यहां तो उम्मीदों का ऐसा निर्वात है कि सुबह अखबार के विज्ञापन में मुख्यमंत्री पद का उम्मीदवार मिल जाता है। वैचारिकी के खाली मैदान में अब यह कांग्रेस पर है कि वह उम्मीदों का भविष्य बने या निराशा का भूत।

14.03.2020

सोनिया जी से अनुरोध है कि आप जरा खंडहर की धूल झटक अतीत में घूम आइए। वहां आपको पार्टी के पुरखे कामराज मिलेंगे। उन्होंने अपने सहित सबके इस्तीफों से पार्टी को पूरी तरह बदल दिया था। आपके सामने इंदिरा गांधी भी हैं जिन्होंने बैंकों के राष्ट्रीयकरण से लेकर पाकिस्तान के दो टुकड़े करने के फैसलों में वक्त नहीं लगाया। आज के दौर में कांग्रेस का यह हाल है कि पार्टी की बैठक में कोई युवा घुस जाए तो उसे लगेगा कि गलती से मैं किसी वृद्धाश्रम में घुस गया हूं।

अब नहीं तो कब सोनिया जी!

कांग्रेस के भविष्य के सामने मजबूत चट्टान बनी भारतीय जनता पार्टी का ढांचा भी सामंती ही है। लेकिन वहां इतने बेलौस अंदाज में नहीं कि अपने खत्म होने की खबर पर भी कोई हलचल न हो। आपके सामने की पार्टी ने पिछले कुछ सालों में इतने साहसी फैसले किए, राजनीति में रहने की एक उम्र तक तय कर दी। कुछ अपवादों को छोड़ कर उस पर भरपूर अमल भी कर लिया। जो लोग उस हद में आते गये हर तरह के दबाव से परे हो सबको सेवानिवृत्ति दी गई। भाजपा ने नेतृत्व की एक नई पौध तैयार की और उसी को स्थापित किया।

सचिन पायलट के लाए भूकंप ने इतिहास का खंडहर बनी पार्टी को एक बार फिर से झकझोर दिया है। लेकिन, क्या हम उम्मीद कर सकते हैं कि पार्टी के मलबे पर भी चैन की नींद सो रहीं सोनिया गांधी इस भूकंप के बाद जागेंगी? अब नहीं तो कब वाला ब्रह्म सवाल क्या वे सुन पा रही हैं?

सोनिया गांधी आज भी कांग्रेस की दरकी दीवार पर लिखी इबारत पढ़ना नहीं चाह रही हैं। अगर पढ़ भी लिया है तो समझना नहीं चाह रही हैं। हम इस अध्याय को शुरू करते हैं 2005 में हरियाणा विधानसभा चुनाव से। कांग्रेस ने भजनलाल को मुख्यमंत्री पद के उम्मीदवार के तौर पर पेश कर उनकी अगुआई में चुनाव लड़ा। भजनलाल को भाव देने का माहौल बनाने के बाद रोहतक से सांसद भूपिंदर सिंह हुड्डा को भी चुनाव के मैदान में उतार दिया। जब मुख्यमंत्री बनाने का मौका आया तो हुड्डा की ताजपोशी कर दी गई।

भजनलाल को मुख्यमंत्री नहीं बना जनमत से बेपरवाही का दौर शुरू हो चुका था। उस वक्त बेपरवाही का दौर इसलिए चला क्योंकि केंद्र में कांग्रेस की सरकार थी। भजनलाल जैसे लोग जाते भी कहां, तो दो साल तक पार्टी में अस्तित्व के लिए संघर्ष के बाद अपनी अलग पार्टी बना ली। केंद्र में कांग्रेस की सरकार और जनमत विभाग आपके हाथ था तो जनता ने हुड्डा को स्वीकार भी कर लिया।

अब बदली स्थिति में भी कांग्रेस 2005 में ही अटकी है। उस वक्त के कांग्रेसी नेता आज उम्र के 70 से 80 के दौर में हैं, लेकिन कांग्रेस की राजनीति उनके ही कब्जे में है। अब भी आपने यही माहौल रचा था कि राजस्थान में युवा पायलट तो मध्य प्रदेश में सिंधिया को कमान मिलेगी। लेकिन ऐन मौके पर बुजुर्गों ने पलटी मार कहा कि अभी तो हम जवान हैं और एक तरफ गहलोत तो दूसरी तरफ कमलनाथ ने कब्जा कर लिया।

राहुल की अगुआई में बनी युवा तिकड़ी बुजुर्गों के इस राजनीतिक बचकानेपन को देखती रह गई। ये बुजुर्ग न तो बदली पीढ़ी, बदली राजनीति को समझ पाए और ये भी भूल गए कि अब दिल्ली दरबार उनका नहीं है।

2019 के लोकसभा चुनाव में हार की जिम्मेदारी लेते हुए राहुल गांधी ने कांग्रेस अध्यक्ष का पद छोड़ कर एलान कर दिया कि न तो मैं और न मेरे परिवार का कोई सदस्य इस पद को संभालेगा। इसके बावजूद सोनिया गांधी अंतरिम अध्यक्ष का पद संभाल कर अपने बेटे को ही खारिज कर देती हैं।

हालांकि यह उन्होंने पुत्रमोह में ही किया, लेकिन वे महाभारत का संदेश भूल जाती हैं। भारत की सभ्यता-संस्कृति में पुत्रमोह का प्रतीक धृतराष्ट्र हैं जो यह नहीं देख पाते हैं कि उसके बेटे के लिए अच्छा क्या है। सोनिया गांधी ने कांग्रेस की अंतरिम कमान संभाल पार्टी को और पीछे धकेल दिया।

सोनिया गांधी ने कांग्रेस को बुजुर्ग वृत्त से बाहर आने दिया होता तो आज भी पार्टी में वही चेहरे नजर नहीं आते, कम से कम दिल्ली में सब बदल दिए जाते। जब आपने अध्यक्ष पद स्वीकार कर ही लिया तो उसके बाद भी आप में ये माद्दा नहीं था कि अपनी टीम बनाकर पार्टी को चलाएं। आपने टीम राहुल की ही रहने दी। उन्हीं नाकाम नेताओं का विस्तार हो गया 2019 के चुनावी हार के बाद भी। जो लोग पार्टी की हार के लिए जिम्मेदार थे उन्हें ही उतार दिया उस जनमत के निर्माण में जो आपसे बहुत दूर चला गया है।

आम लोगों के बीच पार्टी की छवि टेलीविजन चैनलों पर उसके प्रवक्ता ही बनाते हैं, अखबारों में बयान देते हैं। लोग उनमें पार्टी का चेहरा देखते हैं। जिन्हें लोगों ने चुनावी मैदान, टीवी की बहसों से लेकर कागजी कथ्य से खारिज कर दिया उनमें से एक भी किरदार बदला नहीं गया।

अपने वंशवाद को ही लेकर आज तक कोई अच्छा जवाब नहीं खोज पाए, सिवा इसके कि ये वो देश है जहां राजा का बेटा राजा बनता है। राहुल गांधी अध्यक्ष न रहकर भी अध्यक्ष बने रहे क्योंकि आप में बदलाव का माद्दा नहीं था। आप

सब लोगों को खुश करने में लगी रहीं लेकिन सब आपसे नाराज ही होते चले गये।

कांग्रेस के भविष्य के सामने मजबूत चट्टान बनी भारतीय जनता पार्टी का ढांचा भी सामंती ही है। लेकिन वहां इतने बेलौस अंदाज में नहीं कि अपने खत्म होने की खबर पर भी कोई हलचल न हो। आपके सामने की पार्टी ने पिछले कुछ सालों में इतने साहसी फैसले किए, राजनीति में रहने की एक उम्र तक तय कर दी।

कुछ अपवादों को छोड़ कर उस पर भरपूर अमल भी कर लिया। जो लोग उस हद में आते गए हर तरह के दबाव से परे हो सबको सेवानिवृत्ति दी गई। भाजपा ने नेतृत्व की एक नई पौध तैयार की और उसी को स्थापित किया।

सोनिया जी से अनुरोध है कि आप जरा खंडहर की धूल झटक अतीत में घूम आइए। वहां आपको पार्टी के पुरखे कामराज मिलेंगे। उन्होंने अपने सहित सबके इस्तीफों से पार्टी को पूरी तरह बदल दिया था। आपके सामने इंदिरा गांधी भी हैं जिन्होंने बैंकों के राष्ट्रीयकरण से लेकर पाकिस्तान के दो टुकड़े करने के फैसलों में वक्त नहीं लगाया।

आज के दौर में कांग्रेस का यह हाल है कि पार्टी की बैठक में कोई युवा घुस जाए तो उसे लगेगा कि गलती से मैं किसी वृद्धाश्रम में घुस गया हूं। आप अगर अब भी नहीं जागेंगी, फिर तो गर्त में जाने के बाद एक थी कांग्रेस की कहानी में सोई मिलेंगी। अपने ही कारणों से जीता हुआ चुनाव हारने का इतिहास बना भविष्य के भावी पन्नों से बेदखल तो हो ही रही हैं।

15.07.2020

भूपिंदर सिंह हुड्डा समय रहते अपने बेटे की जमीनं मजबूत कर देते हैं। भजनलाल के बाद कुलदीप बिश्नोई ही विरासत पाते हैं। बेअंत सिंह के निधन के बाद उनकी संतानों को ही जगह भरने आना होता है। कांग्रेस के नेताओं ने राजनीति को पैतृक संपत्ति की तरह ही इस्तेमाल किया जिसमें परिवार से बाहरी लोगों के लिए किसी संभावना की गुंजाइश नहीं छोड़ी। एक समय हरियाणा में कांग्रेस मतलब भूपिंदर सिंह हुड्डा का कुनबा हो जाता है। ये सब उस वंशबेल की पैदाइश हैं जिसकी जड़ दस जनपथ में है और अब हर तरफ फल-फूल रही है।

वंश का दंश

राजनीति का इम्तिहान आम इम्तिहान से अलग होता है। इसमें फेल होने पर आप एक नहीं बल्कि पांच साल के लिए पीछे चले जाते हैं। कांग्रेस आलाकमान इतना तो समझ ही गई होंगी कि दो चुनाव हारने के बाद पार्टी दस साल पीछे जा चुकी है। इसके बावजूद पार्टी में विरासती दौड़ 'अशोक स्तंभ' की तरह इतिहास की वो इबारत बन गई है जो बिना रंग-रूप बदले दुहराई जा रही है।

गुप्त वंश, मौर्य वंश के प्राचीन पैमाने की तरह 'कांग्रेस व संतान' की दुकान बंद होने का नाम नहीं ले रही जबकि जनता लगातार आपको घाटे का सौदा साबित करने में लगी है। आपके सामान में घुन लग चुका है लेकिन आप उसे संघर्ष की धूप दिखाना ही नहीं चाहती हैं। वंशवाद की सीलन आपकी ऐतिहासिक इमारत को जमींदोज कर चुकी है लेकिन आप मलबे में भी बस अपना वंश स्तंभ बचाए रखना चाहती हैं।

राजेश पायलट के बेटे सचिन पायलट, भूपिंदर सिंह हुड्डा के बेटे दीपेंद्र, जितेंद्र प्रसाद के बेटे जितिन, मुरली देवड़ा के बेटे मिलिंद, सुनील दत्त की बेटी प्रिया तो अशोक गहलोत, दिग्विजय सिंह, कमलनाथ, प्रणब मुखर्जी के वारिसों के नाम सबसे पहले आते ही हैं। लेकिन स्थानीय स्तर पर जाएंगे तो विधायक से लेकर सरपंच तक की यही कहानी है। आपकी पार्टी का हाल यह है कि अगर कोई नेता बीमार पड़ गया तो उसके परिवार का ही कोई जगह भर पाएगा। किसी की सीट महिला के लिए आरक्षित हो जाए तो बीवी या बेटी के अलावा कोई और नाम सोचने की दरकार ही नहीं होती है।

भूपिंदर सिंह हुड्डा समय रहते अपने बेटे की जमीन मजबूत कर देते हैं। भजनलाल के बाद कुलदीप बिश्नोई ही विरासत पाते हैं। बेअंत सिंह के निधन के बाद उनकी संतानों को ही जगह भरने आना होता है। कांग्रेस के नेताओं ने राजनीति को पैतृक संपत्ति की तरह ही इस्तेमाल किया जिसमें परिवार से बाहरी लोगों के लिए किसी संभावना की गुंजाइश नहीं छोड़ी। एक समय हरियाणा में कांग्रेस मतलब

भूपिंदर सिंह हुड्डा का कुनबा हो जाता है। ये सब उस वंशबेल की पैदाइश हैं जिसकी जड़ दस जनपथ में है और अब हर तरफ फल-फूल रही है।

ध्यान देने की बात है कि कांग्रेस की वंशबेल जब दूसरे दल में जाती है तो वहां भी अपने वंश का ही विस्तार करती है। चौधरी वीरेंद्र सिंह कभी कांग्रेस में हरियाणा के मुख्यमंत्री बनना चाहते थे। एक वक्त ऐसा था जब हुड्डा से ज्यादा गांधी परिवार के नजदीकी थे। अपनी पत्नी को टिकट दिलवाया और खुद राज्यसभा में गए। बाद में उन्हें अहसास हुआ कि यहां रहते तो कभी मुख्यमंत्री नहीं बन पाएंगे।

न तो हुड्डा की काट बन पाए और न एक मजबूत जाट नेता के तौर पर उभर पाए। कांग्रेस छोड़ भाजपा के साथ जुगत भिड़ा खुद केंद्र में मंत्री बन गए और पत्नी को अपने गृह क्षेत्र से विधायक बनवा दिया। फिर 2019 का चुनाव आया और भाजपा नेतृत्व से निवेदन किया कि मैं राजनीति से हटता हूं। मेरी जगह मेरा बेटा आगे बढ़े। अपने नौकरशाह बेटे को राजनीति में लाए जो अभी सांसद हैं।

कांग्रेस आलाकमान पुत्रमोह में राहुल गांधी को लेकर आईं और पारिवारिक पहचान ढोने के कारण वे बुरी तरह खारिज हुए। हद है कि राहुल के खारिज होने के बाद उन्होंने 2019 में प्रियंका गांधी को भी झोंक दिया और परिवार के वृत्त की परिक्रमा ही पूरी कर दी। जो आप कर रही हैं वही आपके अन्य नेता भी कर रहे हैं। ऐसे में अगर जनता आपको एक पार्टी के बजाय परिवार के रूप में देख रही है तो गलत क्या है।

कांग्रेस जितनी बड़ी पार्टी थी उतनी ही ज्यादा टूटी भी। कश्मीर से लेकर कन्याकुमारी तक इसके टुकड़े हैं। आप अपने नेताओं की सुनते नहीं हैं तो वे बगावत कर अपनी नई पार्टी बनाते हैं। लेकिन वहां भी वंशबेल को ही आगे बढ़ाते हैं। शरद पवार ने अपनी बेटी और भतीजे के अलावा किसी को राकांपा के वारिस के तौर पर पनपने नहीं दिया। पीए संगमा अपनी बेटी अगाथा को लाए। आंध्र प्रदेश में जगनमोहन रेड्डी ने अपने बाप का हक मांगा। नहीं मिला तो आपके सामने अपनी पार्टी बनाकर युवा मुख्यमंत्री बन गए।

आप यह नहीं कह सकतीं कि जो मेरे लिए सच है वह दूसरे के लिए झूठ हो। आप पार्टी का यह घोषित संविधान ही बना दीजिए कि यहां नेता के बाद उसकी संतान का हक होगा। कल इनके भी बच्चे आएंगे और आप उन्हें नहीं रोक पाएंगी क्योंकि आप खुद ही नहीं रुक रही हैं।

2014 में कांग्रेस के खिलाफ परिवारवाद के नाम पर अभियान शुरू हुआ और उसे ऐतिहासिक हार देखनी पड़ी। इसके बाद राहुल गांधी ने पार्टी को एक नई दिशा

देने की कोशिश की। लेकिन उनके सुधारवादी वृत्त के दायरे में भी वंश के ही बीज थे। फिर भी आपको अपने बेटे ने ही एक मौका दिया। लेकिन बेटे के सकारात्मक दिशा में उठाए गए एक कदम आगे को आप दो कदम पीछे ले गईं। आपके अंदर की वंशबेल अस्तित्व की लड़ाई लड़ रही है जिसमें आपका बेटा राहुल गांधी भी शामिल है।

अब दस साल पीछे जाने के बाद भी आपका और पीछे जाने का अभियान जारी है। इसे देख लग रहा है कि अपने बेटे को प्रधानमंत्री के तौर पर देखने का आपका ख्वाब अधूरा ही रह जाएगा। जमीनी राजनीति करने वालों का आपसे मोहभंग हो चुका है और वो सब आपको छोड़ कर जा चुके हैं। त्रासदी यह है कि इतना पीछे जाने के बाद भी आप आगे आने के संघर्ष के रास्ते पर चलना नहीं चाह रही हैं। आपकी बंद आंखों में किसी समाधान का सपना देखना ही व्यर्थ है। अब तो अच्छा यह है कि आप पार्टी दफ्तर के बाहर कांग्रेस का नाम मिटा दें। उसका नाम संतान की दुकान रख दें तो ज्यादा चलेगी।

20.07.2020

राजस्थान से लेकर चिट्ठी विवाद तक ने राहुल गांधी के कद को और मजबूत किया है। इससे साबित होता है कि वे आज भी पार्टी के अदृश्य अध्यक्ष हैं। उनकी टीम को कोई हिला नहीं सका। गहलोत और कमलनाथ राहुल की मुहर के बाद ही मुख्यमंत्री बने थे। इसके साथ ही विपक्ष के राहुल पर पक्ष के जितने वार होते हैं उससे लगता है कि वो उनमें विकल्प का चेहरा पहचान रहा है।

चिट्ठी को तार समझना

न खुदा ही मिला न विसाल-ए-सनम
न इधर के हुए न उधर के हुए
रहे दिल में हमारे ये रंज-ओ-अलम
न इधर के हुए न उधर के हुए

तो क्या 23 कलमों की नाराजगी महज कागजी साबित हुई? अभी-अभी तो विद्रोही 'सत्ता का सत्य' परेशान और पराजित होकर सुबह के भूले की तरह शाम को लौटा था। फिर इस भुलक्कड़ के हश्र को इतनी जल्दी कैसे भुला दिया गया? पाती की पटकथा अपने अनुमान के अंजाम पर पहुंची और बागी बातें बैरक में लौट कर जब तक सूरज-चांद रहेगा, सोनिया-राहुल तेरा नाम रहेगा जैसी बातें बनाने लगीं। भारत में प्रेम में खून से चिट्ठी लिखने का मिजाज पुराना है और कांग्रेस देश की सबसे पुरानी पार्टी है तो ये रस्म भी निभाना है।

चिट्ठी लिखने वाले 23 नेताओं पर नजर डालें तो इनमें जनाधार से जुड़े और जमीन से उखड़े दोनों तरह के लोग हैं। इनमें कई राज्यसभा इसलिए भेजे गए क्योंकि इनकी पहचान गांधी परिवार के वफादार की है। अब ये यह नहीं कह सकते कि मेरी बात नहीं सुनी गई तो पार्टी से इस्तीफा दूंगा। इन्हें भी पता है कि कांग्रेस है तो ये हैं। जम्मू-कश्मीर से लाए गए खास चेहरे गुलाम नबी आजाद को याद भी नहीं होगा कि आखिरी चुनाव कब जीता था। पार्टी को कश्मीर से एक चेहरा चाहिए था तो हर बार राज्यसभा का ताज पहना दिया जाता था। आज इनकी राज्यसभा सदस्यता खत्म हो जाए तो ये मैदान में जाकर चुनाव लड़ने से बेहतर घर बैठना पसंद करेंगे।

राहुल गांधी की इस बात को भी सिरे से खारिज नहीं किया जा सकता कि इस वक्त यह शिगूफा जानबूझ कर छोड़ा गया और इसके पीछे कहीं न कहीं कांग्रेस विरोधी शक्तियां हैं। इतने बड़े प्रदर्शन से मिले सिफर नतीजे के बाद इन्हें अहसास हो गया होगा कि कांग्रेस की बुनियाद के बिना इनकी अट्टालिका ढह जाएगी। कपिल

सिब्बल ने जितनी तेजी से ट्वीट विलोपित कर अपनी वफादारी समारोपित की वो इस पूरी गंभीर कवायद को प्रहसन में बदल गया। इनका मकसद गांधी परिवार को चोट पहुंचाना था ही नहीं। अगर ऐसा होता तो ये सारे इस्तीफा दे देते कि परिवार पार्टी नहीं छोड़ रहा तो हम ही पार्टी छोड़ दें। राजस्थान असंतुष्टों के लिए सबक तो बन गया है। पार्टी ने जिस तरह पायलट प्रकरण को सुलझाया उससे बागी नेता को अपना सब कुछ खो कर पार्टी की शर्तों पर वापस आना पड़ा।

राजस्थान से लेकर चिट्ठी विवाद तक ने राहुल गांधी के कद को और मजबूत किया है। इससे साबित होता है कि वे आज भी पार्टी के अदृश्य अध्यक्ष हैं। उनकी टीम को कोई हिला नहीं सका। गहलोत और कमलनाथ राहुल की मुहर के बाद ही मुख्यमंत्री बने थे। इसके साथ ही विपक्ष के राहुल पर पक्ष के जितने वार होते हैं उससे लगता है कि वो उनमें विकल्प का चेहरा पहचान रहा है।

कांग्रेस के अंदर खेमेबंदी स्पष्ट है। सोनिया और राहुल के अलग-अलग सेनानी टकराते ही रहते हैं, जिसे लंबे समय से नए और पुराने खांचे में बांटा जा रहा है। लेकिन यह पहचान उतनी आसान नहीं है। कांग्रेस शासित राज्यों के मुख्यमंत्रियों ने जिस तरह से प्रतिक्रिया दी उससे स्पष्ट रहा कि गांधी परिवार को लेकर कोई भ्रम नहीं है। ये कांग्रेस के मजबूत जनाधार वाले क्षेत्रीय क्षत्रप हैं। ऐसा कोई जिसका राष्ट्रीय जनाधार हो और गांधी परिवार से भी न हो फिलवक्त है नहीं, और किसी को अगर थोप भी दिया जाएगा तो उनके लिए भी समस्या यही है। यह चीज साफ तौर से उभरी है और मांग उठी है कि जनाधार वाले लोगों के बीच से विकल्प का आधार बने।

जिन लोगों ने यह मुद्दा उठाया भले ही उनमें से कई का कोई जनाधार नहीं है, लेकिन एक साफ संदेश गया कि सांगठनिक स्तर पर जो कांग्रेस की स्थिति है वहां ऐसे मंच की कमी है जहां लोग अपनी बात रख सकें। दो नेता हैं लेकिन संवाद का मंच एक भी नहीं है। अब एक ऐसे मंच की जरूरत समझाई गई जहां नेतृत्व के पास कार्यकर्ता की पहुंच हो और वो अपनी बात रख सकें। स्वाभाविक है कि जब मंच ही नहीं होगा तो सांगठनिक विस्तार की कोई योजना बने भी तो कहां पर? अभी तो भविष्य ही नहीं दिख रहा था। भविष्य को सिर्फ जनाधार से नहीं देखा जा सकता है। पार्टी को हर तरह के लोगों की जरूरत होती है। जिनका जनाधार नहीं है उनकी भी कुछ खास भूमिका है और वे भी सत्ता में हिस्सा चाहते हैं।

सत्ता को हासिल करने के लिए जिस सांगठनिक ढांचे की जरूरत है वो अगर नहीं होगा तो इनका वजूद भी नहीं होगा। इस छटपटाहट को अब खारिज भी नहीं

किया जा सकता। इस पूरे मामले से दो सकारात्मक परिणाम भी निकले हैं। ये 23 योद्धा भारत के लोकतंत्र में अपना अभूतपूर्व योगदान यह कह कर दर्ज करा सकते हैं कि कम से कम हमने 'असहमति' को लेकर अपनी आवाज तो उठाई। एक उम्मीद जगा सकते हैं कि जब पूरे देश में असहमति के लिए जगह नहीं है तो कांग्रेस इसका मान रख रही है। अब जबकि असहमति हर जगह विद्रोह का प्रतीक बना दी गई है तो कांग्रेस में इसे 'असहमति' के रूप में ही दर्ज किया गया। इस बार यह तो दिखा कि भाजपा से अलग है कांग्रेस। कांग्रेस कार्यसमिति की बैठक में कहा गया कि आगे से सार्वजनिक मंच पर जाने के बजाए संगठन की बात अंदर ही करनी चाहिए। असहमत सुरों का अपमान नहीं किया गया और शुरुआती उठापटक के बाद सबने संयम बरता।

इस घटनाक्रम में एक चीज साफ दिखी कि जो समझौता एक तरह से राजस्थान में हुआ वही समझौता केंद्रीय स्तर पर किया गया। राजस्थान में असहमति का स्वर उठा था और उससे संगठन के स्तर पर निपटा गया। एक व्यक्ति के राज पर उठे सवाल के बाद समिति बनाई गई। दूसरे समूह के विधायकों के लिए भी सत्ता में हिस्सेदारी का दरवाजा खोला गया। कुछ पुराने लोगों के इर्द-गिर्द घूम रही सत्ता में नए चेहरों को भी पहचान दी गई।

दूसरी तरफ़ सोनिया और राहुल जो अलग-अलग धड़े के रूप में दिख रहे थे सामूहिक स्वर में सामने आए। दोनों के साथ आने से ही समाधान भी निकल जाता है। वही रणनीति केंद्र में भी अपनाई गई। असहमति का स्वर दिखने के बाद ध्रुवीय दूरी वाले सत्ता के केंद्रों को एक बिंदु पर मिलना पड़ा। इनके मिलन से समाधान ये निकला कि सोनिया गांधी अंतरिम अध्यक्ष का कार्यकाल जारी रख रही हैं जैसे राजस्थान में गहलोत ने अपना पद जारी रखा। लेकिन सोनिया गांधी के साथ एक सलाहकार मंडल को जोड़ा गया है। इस मंडली में ज्यादातर राहुल गांधी के करीबी ही रहेंगे यह माना जा सकता है।

कांग्रेस में दो अलग-अलग शक्ति केंद्रों का असर संगठन के तौर पर भी नीचे तक विभाजन के रूप में दिखाई दे रहा था। छोटे नेता और कार्यकर्ता पार्टी से उम्मीद खो रहे थे। उम्मीद कर सकते हैं कि इस संकट से जिस तरह बचा गया उसका सबक आगे बढ़ाया जाएगा। शक्ति के केंद्र अलग-अलग हो पार्टी को तोड़ने के बजाय सांगठनिक तरीके से जोड़ने की ओर कैसे बढ़ें इस पर फौरी कदम उठाते हुए चिट्ठी को तार समझा जाए और सुधार की दिशा में कोई देर न की जाए।

26.08.2020

2014 भारतीय राजनीति की दशा और दिशा दोनों बदलने वाला समय था। आजादी के बाद पहली बार भारतीय राष्ट्रीय कांग्रेस अपने निम्नतम और उसके विकल्प में भारतीय जनता पार्टी जनादेश के उच्चतम पर थी। वह वक्त छवि निर्माण के युद्ध में बदल गया था जिसमें कांग्रेस बुरी तरह खारिज हुई। आज छह साल बाद अण्णा आंदोलन के प्रमुख चेहरा रहे प्रशांत भूषण कहते हैं कि कांग्रेस के खिलाफ उभरे उस प्रचंड जनविरोध में राष्ट्रीय स्वयंसेवक संघ की भूमिका थी। सवाल है कि जनता ने विकल्प में भारतीय जनता पार्टी का ही चेहरा क्यों देखा? जब कांग्रेस का 'सेवा दल' खुदाई खिदमतगार से सत्ता के स्वार्थ तक ही सिमट चुका था तब राष्ट्रीय स्वयंसेवक संघ सांस्कृतिक और सामाजिक जमीन पर काम कर वैकल्पिक राजनीतिक जमीन तैयार कर चुका था। जनांदोलन की जमीन पर जमींदोज होने वाली कांग्रेस पर संवाद की नई कड़ी के साथ विपक्ष पर बात करने की जरूरत बताता बेबाक बोल।

कुकर क्रांति

2014 के आम चुनाव के समय देश की सबसे बड़ी विपक्षी पार्टी का यह नारा था। उसके छह साल बाद पिछले हफ्ते वकील प्रशांत भूषण टीवी पर साक्षात्कार के दौरान खुलासा करते हैं कि अण्णा आंदोलन में राष्ट्रीय स्वयंसेवक की भूमिका थी। गनीमत थी कि इस रहस्योद्घाटन के बाद एक राजनीतिक दल के पूर्व संस्थापक सदस्य और देश के सबसे काबिल वकील 'रसोड़े में कौन था' सरीखे सवाल की तरह तीन बार भौंचक होते नहीं दिखाए गए। बस उनसे यह नहीं पूछा गया कि प्रेशर कुकर से चने निकाल कर खाली कुकर को चूल्हे पर किसने चढ़ाया था।

आज छह साल बाद अण्णा आंदोलन की बुनियाद की पड़ताल करने की जरूरत क्यों पड़ी? क्या उस वक्त प्रशांत भूषण और पत्रकारों को यह नहीं पता था कि देश किस असंतोष की आग में झुलस रहा है और सिर्फ भारतीय जनता पार्टी ही उस आग पर अपना प्रेशर कुकर रख पाई थी। जाहिर सी बात है कि उससे जुड़ी संगठनात्मक इकाई राष्ट्रीय स्वयंसेवक संघ इसके लिए जमीन तैयार कर रही थी और उस चुनाव को बहुत गंभीरता से लेकर हर मोर्चे पर कांग्रेस को घेर रही थी। अण्णा आंदोलन में जो अखंड भारत का नक्शा व राष्ट्रवादी सुर था, वह और किस संगठन का हो सकता था? मामूली राजनीतिक समझ का आदमी भी देख सकता था कि कांग्रेस के खिलाफ हुए अखिल भारतीय आंदोलन के पीछे किसकी मेहनत थी।

सत्ता के अहंकार में आसमानी घमंड से झूम रही पार्टी को वही संगठन जमींदोज कर सकता था जो पिछले तीन दशकों से जल, जंगल, जमीन पर काम कर अपने अनुकूल पर्यावरण को रच रहा था। कांग्रेस सिर्फ अपने कुछ नहीं करने के कारण खत्म हुई ऐसा नहीं था। वह संघ का संगठन था जिसने कांग्रेस को जलवायु संकट में धकेल दिया। यह दूसरी बात है कि कुछ लोगों को इसे कबूल करने में छह साल का समय लग गया।

इस स्तंभ में हम कांग्रेस पर सिलसिलेवार बात करेंगे। सवाल उठ सकता है कि आज के समय में देश की सबसे पुरानी पार्टी पर हम नई बात क्या कर लेंगे जिसका इतिहास दुनिया भर के विद्वानों ने लिखा है व आज के समय में जिसके सबसे ज्यादा विशेषज्ञ हैं। इन सबके होते हुए कांग्रेस पर चर्चा इसलिए प्रासंगिक है क्योंकि विपक्ष पर संवाद जरूरी है। सत्ता की प्रकृति वर्चस्ववादी ही होती है। वह ना, ना करते हुए भी विपक्ष की बात करते हुए लोकतंत्र से 'प्यार हुआ इकरार हुआ' करने के लिए मजबूर कर देती है।

सवाल है कि आज के दौर में विपक्ष किसे चाहिए और जनतंत्र में उसकी क्या भूमिका है? 2014 के पहले कांग्रेस लगातार दो बार सत्ता में आकर जनता के सवालों से आंखें मूंद चुकी थी। केंद्रीय स्तर पर राजनीतिक निर्वात की स्थिति दिख रही थी। उसी समय जनता ने विपक्ष और जनतंत्र की जरूरत महसूस की। उसने आस-पास खोजा कि विकल्प क्या हो सकता है। ऐसी स्थिति में एक संगठन जो खुद को गैर राजनीतिक कह रहा था, वह जनआंदोलन के जरिए प्रतिपक्ष का निर्माण करता है। इससे पहले इसी तरह की भूमिका हम आपातकाल के समय भी देखते हैं जब विपक्ष के रूप में राजनीतिक दल की शून्यता थी।

जब कोई पार्टी उस रूप में नहीं रहती है जो विकल्प और विपक्ष दे सके तो जनतंत्र खत्म होता हुआ दिखता है। फिर जनांदोलन से ही विपक्ष और विकल्प पैदा होता है चाहे वह जेपी वाला हो या अण्णा का। सत्ता को विस्थापित करने का एकमात्र यही जरिया हो सकता है। लेकिन वह खुद विकल्प का चेहरा नहीं बनता है। न तो जयप्रकाश नारायण कोई मूर्त विकल्प दे रहे थे और न अण्णा ही किन्हीं खास चेहरों को सत्ता के दावेदार बना कर संसद भेज रहे थे। वो सत्ता की मुखालफत का मंच तैयार करते हैं और भारतीय जनता पार्टी विकल्प बन जाती है। अब जबकि दो बार राजग सरकार जीत चुकी है तो फिर उन्हीं कारणों से विपक्ष की जरूरत महसूस हो रही है।

आप पूछ सकते हैं कि कांग्रेस की जरूरत किसको है? जवाब है कि कांग्रेस की किसी को जरूरत नहीं है, जरूरत है प्रतिपक्ष की, जनतंत्र की। लेकिन जनतंत्र की खाली ताकत को वही भरेगा जो संगठित ताकत के रूप में होगा। नहीं तो कभी अखंड भारत के नक्शे तले भाषण देने वाले दिल्ली के अगुआ कोरोना काल में एलान कर देते हैं कि दिल्ली सरकार के अस्पतालों में किसी बाहर वाले को इलाज नहीं मिलेगा। अपनी संकुचित कार्यप्रणाली और अलोकतांत्रिक संगठनात्मक ढांचे के कारण विकल्प की यह आंधी दिल्ली तक ही सिमट कर रह गई।

विकल्प के नाम पर खड़ा हुआ नेता अब जन को कहता है कि मैं ही पूरा तंत्र हूं और मैं ही 'लोकपाल'। आज की तारीख में देखा जाए तो अखिल भारतीय स्तर

पर कोई भी पार्टी विपक्ष के चेहरे के तौर पर नहीं दिख रही है। दूर तलक देखने पर कांग्रेस की जमीन पर उसका मलबा नजर आता है और उम्मीद जगती है कि शायद यह धूल झाड़ कर उम्मीदों का फूल बन जाए।

वर्तमान को समझने और भविष्य को गढ़ने के लिए इतिहास का तुलनात्मक अध्ययन जरूरी होता है। बात अगर आज़ादी के बाद की करें तो सियासी दलों की संस्कृति तो छोड़ दीजिए इस देश में ढंग की राजनीतिक संस्कृति भी नहीं दिखती है। ऐतिहासिक रूप से देखें तो कांग्रेस ने इस देश में लोकतांत्रिक राजनीतिक चरित्र के गठन में गतिरोध का ही काम किया है। जब तक उसका अंकशास्त्र बताता रहा कि राजनीतिक खतरा नहीं है तब तक उसने विकेंद्रित राजनीति को इस कदर कुचलने का काम किया कि वैकल्पिक जमीन तैयार होते ही 'कांग्रेस मुक्त भारत' का नारा दिया गया। आम आदमी पार्टी के एक और पूर्व संस्थापक सदस्य कहते हैं कि इस देश में विकल्प तब तक नहीं हो सकता है जब तक कांग्रेस रहेगी।

आजादी के लंबे समय बाद तक कांग्रेस ने अपने चरित्र को समावेशी बनाने की कोशिश नहीं की। राजनीति की गिरावट के हर वर्तमान पर इस पार्टी का इतिहास भारी पड़ जाता है। राज्यपाल की बर्खास्तगी से लेकर चुनी हुई सरकार को गिराने की बात हो सारी अलोकतांत्रिक कवायद इनके खाते में दर्ज है। आजादी मिलने के बाद महात्मा गांधी ने कहा था कि कांग्रेस को मरने नहीं दिया जा सकता है, उसका खात्मा तभी हो सकता है जब राष्ट्र का खात्मा होगा। गांधी ने एक राजनीतिक दल के रूप में कांग्रेस का विघटन कर उसे लोक सेवक संघ बन जाने की सलाह दी थी।

लेकिन कांग्रेस में इस सेवा भाव वाले मूल्य को विकसित ही नहीं किया गया। किसी राजनीतिक मूल्य और संस्कृति की स्थापना न तो अपने दल के अंदर और न अपने दल के बाहर होने दी। कांग्रेस का इतिहास डेढ़ सौ साल का है। इसका इतिहास आजादी के पहले और आजादी के बाद अलग तरह से देखा जाएगा। आज के लिए यह ज्यादा अहम है कि उसने आजाद भारत के लिए क्या किया? नेहरू और पटेल की विरासत किस ओर गई। वैकल्पिक राजनीतिक जमातों को खड़ा क्यों नहीं होने दिया गया। इसने संघात्मक ढांचे को ऐसा रूप दिया कि उस पर सवाल नहीं उठाया जा सकता। कांग्रेस महज एक राजनीतिक दल नहीं इस देश का राजनीतिक, सामाजिक और सांस्कृतिक आख्यान भी है। लेकिन जब प्रशांत भूषण 2014 का रसोड़े में कौन था वाला 'खुलासा' करते हैं तो हम एक बार फिर 1947 से बात करने की जरूरत महसूस करते हैं। वर्तमान का इतिहास के साथ एक और संवाद जारी रहेगा।

25.09.2020

लोकप्रिय जुमले का सहारा लेकर बोला जा सकता है कि जब किसी राजनीतिक दल की मौत आती है तो वह व्यक्तिवादी बन जाता है। इंदिरा के समय से ही कांग्रेस इस प्रवृत्ति का शिकार होकर गर्त में गई और विपक्ष का भी दर्जा खो बैठी। पिछले दिनों हाथरस मामले के बाद जिस तरह राहुल और प्रियंका गांधी सड़क पर उतरे, उसमें विपक्ष के रूप में उभरने की उम्मीद देखने के लिए सड़कों पर इन नजारों के बार-बार आने का इंतजार करना बेहतर रहेगा। लेकिन राहुल के सड़क पर सक्रिय होते ही सत्ता पक्ष जिस तरह अति सक्रिय हो जाता है उससे लगता है कि इनमें विकल्प की संभावना दिख रही होगी। लेकिन यह तय है कि संगठन मजबूत किए बिना सिर्फ राहुल की छवि से कांग्रेस की विकल्प के रूप में वापसी नहीं हो सकती। व्यक्तिवाद के कारण देश की पुरानी पार्टी किस तरह से सांगठनिक ढांचे और नीति निर्माण के पक्षाघात की शिकार हुई, इसकी पड़ताल करता बेबाक बोल।

कांग्रेस कथा : विपक्षाघात

हाथरस की दुखद घटना के बाद जातीय हिंसा भड़काने और दुनिया में भारत की छवि खराब करने की बड़ी साजिश में शामिल हुए राहुल गांधी बताएं कि पूर्णिया की घटना पर वो चुप क्यों हैं। भारतीय राजनीति में यह प्रहसन का दौर है। बिहार के उपमुख्यमंत्री कांग्रेस नेता राहुल गांधी से पूछ रहे हैं कि वे पूर्णिया की घटना पर चुप क्यों हैं। उन्हें ललकारा जा रहा है कि आप बिहार में आकर क्यों नहीं बोलते। आखिर सत्ता पक्ष, विपक्ष को लेकर इतना बेपरवाह कैसे हो गया है कि अपनी मूर्खता दिखाने में भी कोई संकोच नहीं करता। प्रियंका गांधी और राहुल गांधी को अगर सामान्य रूप से हाथरस जाने दिया जाता तो वह आम राजनीतिक कवायद बन कर रह जाती। लेकिन दिल्ली से उत्तर प्रदेश के राजमार्ग पर जिस तरह उनकी घेरेबंदी की गई, प्रियंका गांधी और विपक्ष के अन्य नेताओं के साथ दुर्व्यवहार किया गया वह प्रतिरोध का एक चेहरा बन गया।

पिछले कई मामलों के विश्लेषण से एक बात तो समझ आती है कि राहुल गांधी का मजाक उड़ा सत्ता पक्ष उन्हें बहुत गंभीरता से लेता है। राहुल जो क्रिया करते हैं उनके विरोध में सरकार की उससे कहीं बहुत बड़ी प्रतिक्रिया हो जाती है। सत्ता पक्ष की प्रतिक्रिया देख कर लगता है कि राहुल और कांग्रेस को अपनी क्रिया की कद्र नहीं है। इसलिए उसमें निरंतरता नहीं होती और वह एक छवि प्रबंधन समारोह भर ही दिखने लगता है। सवाल यह भी उठ रहा है कि किसानों से लेकर हाथरस तक के मुद्दे पर सक्रिय होने के बाद क्या राहुल के जरिए कांग्रेस में विकल्प का चेहरा बनता दिख रहा है? राहुल गांधी जिस तरह से सड़क पर सूरत बदलने की कोशिश करते हुए अचानक ओझल हो जाते हैं उसका इतिहास देखते हुए अभी उनके लगातार टिके रहने का इंतजार करना बेहतर होगा।

कांग्रेस की क्रिया में निरंतरता के अभाव को किस तरह देखा जाए? राजनीतिक पार्टी की इमारत खड़ी होती है सांगठनिक ढांचे की बुनियाद पर। सांगठनिक ढांचे के अभाव में बचता है सिर्फ व्यक्ति। लोकप्रिय संवाद के तर्ज पर कह सकते हैं

कि किसी दल की जब राजनीतिक मौत आती है तो वह व्यक्तिवादी हो जाता है। भारतीय राजनीति इस तरह की कई उम्मीदों का मर्शिया पढ़ चुकी है। उत्तर प्रदेश में जब हाथरस की घटना को जाति के वर्चस्व से जोड़ा जा रहा था तो कभी दलित आंदोलन की महानायिका रहीं मायावती हास्यास्पद बयान दे रही थीं। उनके भरभराए सांगठनिक ढांचे के बगल से होते हुए दिल्ली के जंतर मंतर पर पहुंचते हैं भीम आर्मी के प्रमुख चंद्रशेखर आजाद। सियासी पक्षाघात का असर यह है कि मायावती चंद्रेशखर के खिलाफ तो मुखर बयान देती हैं लेकिन बेसुर होकर ही सही, केंद्र सरकार के पक्ष में सुर जरूर मिला देती हैं।

कांग्रेस से लेकर बसपा तक का उदाहरण है कि सांगठनिक ढांचे को बर्बाद कर चुके राजनीतिक दल अपने हित समूहों को खो देते हैं। बिना हित समूहों के राजनीतिक संगठन बन ही नहीं सकता है। कांग्रेस के पतन के कारणों में उसके समर्थकों और संगठन का बिखराव स्पष्ट रूप से दिखता है। एक समय था जब हिंदी पट्टी में उत्तर प्रदेश और बिहार कांग्रेस के सबसे मजबूत आधार थे। इन राज्यों में दलित, मुसलिम और ब्राह्मण उसके प्रतिबद्ध मतदाता थे। जवाहरलाल नेहरू 'पंडित जी' के रूप में इसलिए प्रसिद्ध थे कि ब्राह्मण समुदाय उनसे जातीय जुड़ाव भी महसूस करता था। वामपंथियों और समाजवादियों को लेकर जबरदस्त अभियान था कि ये नास्तिक होते हैं। इसलिए धर्मनिरपेक्षता के पूरे सूत्र की ठेकेदारी कांग्रेस के हाथ में थी।

वहीं हिंदी पट्टी की मध्यवर्ती जातियां समाजवादियों के साथ थीं। बिहार और उत्तर प्रदेश में समाजवादियों की अगुआई में ही ज्यादातर मध्यवर्ती जातियों के आंदोलन हुए जो बहुजन के नाम से जाने गए। इनमें किसानों का बहुमत था। ठाकुर व वैश्य जनसंघ और भाजपा से जुड़े हुए थे। हिंदी पट्टी की ये जातियाँ जमीन का सबसे बड़ा सच थीं और इन्हीं के आधार पर हितधारकों का सांगठनिक ढांचा खड़ा हुआ था। राष्ट्रीय स्वयंसेवक संघ के मंदिर आंदोलन को मजबूती के साथ शुरू करते ही कांग्रेस से जुड़े हितधारक कमजोर पड़ते गए। धर्मनिरपेक्षता की पूरी श्रेणी ही ध्वस्त होती सी दिखी। जब तक धर्मनिरपेक्षता का आधार रहा और भाजपा कमजोर रही तब तक कांग्रेस के साथ बड़ी संख्या में मुसलिम जुड़ते रहे थे।

दूसरा हित समूह खेती-किसानी में दिखेंगे जिनमें या तो ठाकुर या मध्यवर्ती जातियां हैं। यहां हितों का सीधा संघर्ष खेतिहर मजदूरों से है जो ज्यादातर दलित हैं। हाथरस के हवाले से भी वहां दलितों के संकट को समझा जा सकता है। वहां खेतों के मालिक ऊंची जाति के लोग हैं और दलितों को उनके आगे समर्पण करना ही पड़ता है। सवर्णों के आगे समर्पण के बिना उनके बचे रहने का कोई विकल्प नहीं

है। कांशीराम और मायावती के दलित आंदोलन में मध्यवर्ती जातियां भी गोलबंद हुई थीं। उधर, मंदिर आंदोलन और धर्मनिरपेक्षता विध्वंस के बाद मुसलमानों के पास कांग्रेस को ही वोट देने का संकल्प नहीं रह गया था। उनके पास मंडल और कमंडल दो में से ही किसी एक को चुनने का विकल्प बचा। उत्तर प्रदेश में कभी वह मायावती तो कभी मुलायम के साथ जहां भी जीतने की संभावना दिखती थी, चला जाता था।

आज की स्थिति में ये सारे समीकरण बदल रहे हैं। उत्तर प्रदेश में विकास दुबे की मुठभेड़ के बाद ब्राह्मण भाजपा से विमुख होते दिखे। वहीं अब मुसलमान कांग्रेस से जुड़ रहे हैं और दलित मुद्दे के साथ विपक्ष एक शक्ल अख्तियार करता सा दिख रहा है। लेकिन इन हालात में सबसे बड़ा सच यह है कि सांगठनिक ढाँचे में आए बिना कांग्रेस विकल्प के रूप में स्वीकार नहीं हो सकती है।

आज के दौर में अहम यह है कि अपने हितधारकों की वापसी के लिए कांग्रेस के पास क्या योजना है? अपने समर्थकों को निर्वात में छोड़ने और मंडल-कमंडल आंदोलन के कारण ही वह गर्त में गई थी। इसके साथ ही उदारवादी नीतियों की नाकामियां भी कांग्रेस को ही भुगतनी थीं। इंदिरा गांधी के 'गरीबी हटाओ' के दायरे में आने वाले वर्ग पर ही उदारीकरण की सबसे ज्यादा मार पड़ी तो वह भी कांग्रेस के खिलाफ जा खड़ा हुआ। कमजोर तबके और मजदूरों की कांग्रेस से दूरी बढ़ती गई। सवर्ण तो पूरी तरह भाजपा के हो ही गए थे।

कांग्रेस जितनी कमजोर हुई भाजपा उतनी ही मजबूत। अब कांग्रेस अपने हितधारकों की भाजपा खेमे से वापसी कराएगी तभी मजबूत हो पाएगी। लेकिन भाजपा की सबसे बड़ी मजबूती राष्ट्रीय स्वयंसेवक संघ है जो अपने समर्थकों को सम्मान के साथ पहचान भी दे रहा है। कांग्रेस के पास आज की तारीख में न तो कोई राजनीतिक, सांगठनिक और न ही सांस्कृतिक आधार है। यह ढांचा कांग्रेस ने स्वतंत्रता आंदोलन के समय बनाया था। उस समय के बने ढांचे और साख का इस्तेमाल ही कांग्रेस लंबे समय तक करती आई थी। उस सांगठनिक ढांचे के कमजोर पड़ते ही व्यक्तिवादी पार्टी बन सिमट गई। इंदिरा गांधी से लेकर राजीव गांधी तक व्यक्ति आधारित राजनीति ही रही। आज भाजपा के पास व्यक्ति भी है और संगठन भी। इतिहास यही बता रहा है कि जब तक इसका मिश्रण नहीं बनेगा तब तक विकल्प के पक्षाघात से उबरने की उम्मीद नहीं है।

10.10.2020

कांग्रेस के जिन 23 नेताओं ने चिट्ठी लिख कर पार्टी में बगावत की अंगड़ाई ली वे पत्रकारों के फोन करते ही कहने लगे कि हमारी आगे कोई लड़ाई नहीं है। सियासी चिट्ठी मीडिया में 'लीक' करने का मतलब दिल्ली के शीशमहल की राजनीति की लीक छोड़ना तो कतई नहीं है। कांग्रेस की नवउदारवादी नीति के झंडाबरदार इन नेताओं को इस बात का अहसास है कि उनका इस जहाज के अलावा कहीं ठौर नहीं। इन नेताओं को पता है कि कांग्रेस में नेतृत्व से बड़ा नीति का संकट है। जब दिल्ली की सीमा पर किसान अपनी मांगों के अलावा कोई और बात सुनने को तैयार नहीं हैं तो कांग्रेस संसद का शीतकालीन सत्र नहीं बुलाने पर सरकार का शगुनी विरोध कर खामोश हो जाती है। कांग्रेस शासित राज्य ही किसान आंदोलन में उबल रहे हैं और इन सबमें कांग्रेस ही नहीं है। कांग्रेस सड़क पर उतरी जनता को भी अपने पक्ष में गोलबंद क्यों नहीं कर पा रही इसकी पड़ताल करता बेबाक बोल।

जहाज के पंछी

मेरो मन अनत कहां सुख पावै।
जैसे उड़ि जहाज कौ पंछी, फिरि जहाज पर आवै॥
कमल-नैन कौ छांड़ि महातम, और देव कौ ध्यावै।
परम गंग को छांड़ि पियासो, दुरमति कूप खनावै॥
जिहिं मधुकर अंबुज-रस चाख्यौ, क्यों करील-फल भावै।
'सूरदास' प्रभु कामधेनु तजि, छेरी कौन दुहावै॥

देश की राष्ट्रीय राजधानी दिल्ली की सीमा पर किसान अब तक का सबसे अनोखा और अभूतपूर्व प्रदर्शन कर रहे हैं। सरकारी मेवे को छोड़ सरकार के दरबार में लंगर का खाना खा रहे हैं। संसद के शीतकालीन सत्र ने किसानों के आंदोलन की गर्मी से ठिठुर कर खुलने से इनकार कर दिया और कांग्रेस ने शगुन सरीखा प्रतिरोध कर उसे स्वीकार कर लिया तो सूरदास की ये पंक्तियां सहज ही जेहन में आ जाती हैं।

जब किसान अपनी मांगों के अलावा किसी और बात पर कान देने को तैयार नहीं हैं तो कांग्रेस के शीशमहल में 23 बागी 'पत्रकारों' को बुलावा देकर पुचकार कर उनके कान में कुछ बोल बोले गए। जब इन नेताओं ने चिट्ठी लिखी तो लगा कि बात कुछ आगे बढ़ेगी। लेकिन इस बगावत को अदबी शराफत बनने में कोई देर नहीं हुई और पत्रकारों के फोन करने पर वे कहने लगे कि अगर राहुल जी अध्यक्ष बनने के लिए मान जाएं तो हमें कोई दिक्कत नहीं है। हमें तो सिर्फ इस बात से मतलब है कि अध्यक्ष बनना चाहिए।

कांग्रेस के कथित कागजी शेरों को चिट्ठी लिखते वक्त इस बात का अहसास था कि उनकी आरामतलब राजनीति का इस पार्टी के अलावा कहीं और गुजारा नहीं है। लेकिन उन्होंने महान योद्धा का अभिनय करते हुए बगावत का झंडा उठाया। ये कांग्रेसी नेता दूसरे दलों की इस बात के लिए आलोचना करते हैं कि वहां असहमति के लिए कोई जगह नहीं है। लेकिन जैसे आपके यहां पुचकार है तो औरों के यहां

भी ऐसा ही विरोध वापसी वाला प्यार है। आपने असहमति को सजावटी चिट्ठी तक सीमित कर उसे सार्वजनिक कर दिया। उस वक्त भी आप चाहते तो सही मंच पर जाकर संवाद कर सुधार की बात कर सकते थे।

सियासी चिट्ठी लिखी ही 'लीक' करने के लिए जाती है न कि लीक छोड़ कर चलने के लिए। वे 23 क्रांतिकारी चिट्ठी को सार्वजनिक कर अपनी आरामगाह के एकांतवास में चले गए। सबका चिट्ठी लिखने का मकसद यही था कि कांग्रेस की अगुआई की कमान किसी और को दी जाए। लेकिन सबने ये बात बहुत नपी-तुली भाषा में कही। किसी ने भी सीधे यह नहीं कहा कि अध्यक्ष के तौर पर राहुल गांधी अस्वीकार्य हैं। मतलब आप बस अंगड़ाई लेकर आगे की लड़ाई से आंखें मूंद लेना चाहते थे। आपके सामने शरद पवार, ममता बनर्जी, जगनमोहन रेड्डी जैसे अपने ही भूतपूर्व के उदाहरण हैं। लेकिन आपके पास उनके जैसा जनाधार नहीं है, इसलिए विरोध के भूत से भी डरते हैं।

चिट्ठी लिखने वाले ज्यादातर बागी संसद के पार्श्व द्वार से आगमन के लिए उसी परिवार के मोहताज हैं जिसके खिलाफ फुसफुसाती आवाज में बगावत कर रहे थे। इनमें से ज्यादातर वे लोग हैं जो शायद अपने राज्यों में पहचाने न जाएँ। हम इतिहास के पन्ने नहीं पलटेंगे, एक ताजा उदाहरण लेते हैं। कश्मीर में स्थानीय चुनावों के नतीजे अभी आए हैं। इस पूरे अभियान के अग्रदूत रहे गुलाम नबी आजाद क्या बताएंगे कि कश्मीर में कांग्रेस की दुर्दशा के लिए कौन जिम्मेदार है?

क्या इसके लिए कांग्रेस का शीर्ष नेतृत्व जिम्मेदार है? या कभी जम्मू और कश्मीर की मिट्टी से जुड़े हुए वे नेता जिम्मेदार हैं जिन्होंने कांग्रेस आलाकमान के बूते दिल्ली में अपनी दुकान जमा लेने के बाद दोबारा कश्मीर का रुख नहीं किया? ये इतना जरूर जानते हैं कि इनके पास ले-देकर राज्यसभा में जगह हो सकती है। आलाकमान नाराज हो जाए तो फिर जनता के पास वापसी का कोई आधार भी नहीं बचा कर रखा है।

अब 'कांग्रेस-कथा' का सवाल फिर एक बार वही है कि देश की सबसे पुरानी पार्टी के लिए आगे का रास्ता क्या हो? कांग्रेस यह रास्ता भाजपा की सफलता में खोज सकती है। जब भाजपा 2004 में हारी तो एक चीज साफ थी कि कांग्रेस की नीतियों पर ही चल उसने 'शाइनिंग इंडिया' का जुमला गढ़ा था। उसी 'शाइनिंग इंडिया' ने उसकी राजनीति धुंधली कर दी। भाजपा को यह सबक मिल गया था कि बिना वैकल्पिक राजनीति के उसकी सत्ता में आमद मुश्किल है। उसने अपनी वैकल्पिक राजनीति को हिंदुत्व की राजनीति से जोड़ा। हिंदुत्व की यही राजनीति

कांग्रेस की नवउदारवदी नीति का विकल्प बनी और 2014 के बाद लगातार दूसरी बार भाजपा को जीत मिली।

फिलहाल कांग्रेस भाजपा की नीति का कोई विकल्प नहीं दे पाई है। उसकी सबसे बड़ी दिक्कत यह है कि समस्या क्या है यह सभी समझ रहे हैं लेकिन उसका हल बताने और उस पर चलने का हौसला नहीं है। कांग्रेस के दिग्गज और पुराने खिलाड़ी जिन्होंने चिट्ठी लिखी है, वे भी इस संकट को पहचान रहे हैं और नेतृत्व भी इसे समझ रहा है मगर किसी के पास इसके लिए वैकल्पिक राजनीति नहीं है। जैसे ही इस पर बात होती है वैसे ही वामपंथी दबाव या झुकाव कह कर पुराने क्षत्रप नाराज हो जाते हैं। वजह यह है कि कांग्रेस के नेता नवउदारवादी नीति के बाहर अपनी राजनीति देख ही नहीं पाते हैं।

अभी हालत यह है कि किसान कृषि कानून के विरोध में सड़क पर हैं। कांग्रेस शासित राज्यों में विरोध की आग जल रही है। अफसोस कि इस आंदोलन में कांग्रेस कहीं नहीं है। आंदोलन का कदम आगे बढ़ाते ही वह सरकार के इस ताने के साथ पीछे हो जाती है कि देखो जी, ये राजनीति कर रहे हैं, देखो आंदोलन का राजनीतिकरण हो रहा है। लेकिन कांग्रेस यह कह कर पलटवार नहीं करती कि राजनीतिक दल राजनीति न करें तो फिर क्या करें? जब जनता खुद ही सड़क पर है तब भी कांग्रेस उसे अपने साथ गोलबंद करने की हालत में नहीं है।

जाहिर सी बात है कि इसके पीछे नेतृत्व तो वजह नहीं है। सारा संकट इसी बात से शुरू होता है कि कांग्रेस किस आधार पर अपना रुख तय करे? कांग्रेस विरोध की बात शुरू करती है तो उसे बताया जाता है कि यह तो आपके घोषणापत्र में था। अब घोषणापत्र में होने का मतलब क्या है? आपकी वही नीति रही है। संकट यही कि उसके बाद आप फिर कहां जाएंगे? तो आप कहेंगे कि हम इस नए को खत्म कर पुराने को बेहतर तरीके से लागू करेंगे। स्वामीनाथन आयोग की सिफारिशों को लागू करेंगे। स्वामीनाथन आयोग की बात करते ही आपको वाम की राजनीति के साथ खड़े होते दिखाया जाएगा। इसी के साथ कांग्रेस के अंदर का विरोधाभास उभर कर सामने आ जाता है।

वैकल्पिक राजनीति के बिना आपकी जनता के साथ खड़े होने की जमीन नहीं बनेगी। अगर आप जनता के साथ खड़े नहीं हो पा रहे हैं तो नेतृत्व किसका कीजिएगा? फिर नेतृत्व का मतलब होगा शीशमहल वाली राजनीति। और वहां पर फिर क्या होगा? आप समस्या का विश्लेषण करेंगे। इसमें एक-दूसरे को जिम्मेदार ठहराया जाएगा। यह सार्वजनिक होगा। फिर ऐसा लगेगा जैसे जहाज से पंछी अलग

हो गए हैं। फिर कुछ दिनों के बाद उन्हें भी कोई दूसरा ठौर नहीं और इन्हें भी कोई दूसरा आसरा नहीं तो जहाज और पंछी वापस एक-दूसरे के।

सोनिया गांधी के साथ बैठक में कांग्रेस के नेताओं ने एक ऐसे अध्यक्ष की मांग की जो पार्टी में संरचनात्मक स्तर तक बदलाव ला सके। नेताओं ने इस बात पर भी नाराजगी जाहिर की कि कांग्रेस मुख्यालय के दफ्तर में कोई वरिष्ठ नेता आसानी से उपलब्ध नहीं होता। इसके साथ ही उन्होंने मांग की कि पार्टी के प्रदेश अध्यक्षों के हाथों में ज्यादा शक्ति दी जाए। पार्टी को नीतिगत आधार पर स्पष्ट राह चुनने के लिए भी कहा।

26.12.2020

जब हेमंत बिस्वा सरमा ने कांग्रेस छोड़ी थी तो कांग्रेस के ट्वीटकार ये अंदाजा भी नहीं लगा पाए थे कि वो उस भाजपा शासित राज्य के मुख्यमंत्री बनेंगे जहां बाहर से आए लोगों को इस पद से दूर रखा जाता है। भाजपा के मंझे हुए या संघ की पृष्ठभूमि के लोगों को ही मुख्यमंत्री पद दिया जाता है। लेकिन सरमा ने खुद को इतना बुलंद किया कि भाजपा बता तेरी रजा क्या है जैसे भाव में दिखी। इसी समय ममता बनर्जी ने तीसरी बार बंगाल विधानसभा चुनाव जीत कर, भाजपा के 200 सीटें आने के दावे को धता बता दिया। भारतीय राजनीति के स्कूल में भाजपा अगर अव्वल विद्यार्थी है तो तृणमूल कांग्रेस वो है जो भाजपा के नोट्स पढ़ कर सबक लेती है कि कक्षा में बने रहने के लिए कौन सा परचा कैसे लिखना है।

बिछड़ेंगे सभी बारी-बारी

कुछ तो मजबूरियां रही होंगी
यूं कोई बेवफा नहीं होता।

—बशीर बद्र

जितिन प्रसाद जी का कांग्रेस पार्टी छोड़ने के लिए धन्यवाद। उत्तर प्रदेश विधानसभा चुनाव के लिए भागदौड़ शुरू होते ही आइएनसी छत्तीसगढ़ की तरफ से ये ट्वीट किया गया। इसके बाद इसी ट्वीटर हैंडल से कहा गया–यारों के दांत बहुत जहरीले हैं पर/हमको भी सांपों का मंतर आता है। इस ट्वीट के साथ प्रियंका गांधी की तस्वीर लगाई गई जिसमें वे संपेरा समुदाय के व्यक्ति से मिल रही हैं और उनके हाथ में एक सांप है। इसके साथ ही कांग्रेस से जुड़े लोगों का जितिन प्रसाद को गद्दार कहने का सिलसिला शुरू हो जाता है।

मौजूदा राजनीतिक हालात को देखते हुए बशीर बद्र साहब शायद अपने शेर को दुरुस्त करना चाहते। लेकिन हम शायर से माफी मांगते हुए ये जुर्रत कर रहे हैं,

तुमको खोने का मकसद नहीं था मेरा
उसको पाना था इसलिए बेवफा हो गया

राजनीति में खुद को पाने के लिए कांग्रेस को खोने की यही मजबूरी कुछ समय पहले असम में हेमंत बिस्वा सरमा के पास भी रही होगी। जब सरमा ने कांग्रेस छोड़ी थी तो उस समय भी कांग्रेस से ऐसी ही, कोई फर्क नहीं पड़ता जैसी प्रतिक्रिया हुई थी। पिछले महीने हुए विधानसभा चुनावों ने राजनीति के जो दो कद्दवर चेहरे देखे दोनों की राजनीतिक मातृ संस्था कांग्रेस ही थी।

जब हेमंत बिस्वा सरमा ने कांग्रेस छोड़ी थी तो कांग्रेस के ट्वीटकार ये अंदाजा भी नहीं लगा पाए थे कि वो उस भाजपा शासित राज्य के मुख्यमंत्री बनेंगे जहां बाहर से आए लोगों को इस पद से दूर रखा जाता है। भाजपा के मंझे हुए या संघ की पृष्ठभूमि के लोगों को ही मुख्यमंत्री पद दिया जाता है। लेकिन सरमा ने खुद को

इतना बुलंद किया कि भाजपा बता तेरी रजा क्या है जैसे भाव में दिखी। इसी समय ममता बनर्जी ने तीसरी बार बंगाल विधानसभा चुनाव जीत कर, भाजपा के 200 सीटें आने के दावे को धता बता दिया।

आज के दौर की हकीकत यह है कि भारत के छह राज्यों पर वैसे चेहरे शासन कर रहे हैं जो कभी कांग्रेस की मजबूत आस्तीन हुआ करते थे। लेकिन कांग्रेस के ढांचे में इनकी अपनी बेहतर पहचान बनाने की आस टूटती गई और ये अलग रास्ते पर चलते गए। जिस कांग्रेस में राहुल गांधी को स्वाभाविक तौर पर प्रधानमंत्री पद का उम्मीदवार मान लिया जाता है उसी कांग्रेस में जगनमोहन रेड्डी को उनके पिता का उत्तराधिकार नहीं दिया जाता।

बात सिर्फ विरासत की नहीं थी, जगनमोहन में वो योग्यता भी थी। अपने नेताओं की आस टूटते ही अगर कांग्रेसी उन्हें आस्तीन का सांप कहने लगेंगे तो शायद उनके हिस्से वह दृश्य कभी नहीं आएगा जो बंगाल में ममता बनर्जी के हिस्से आया। ममता बनर्जी को पता था कि खुद को बचाने में वो मुकुल राय के स्वार्थ की रक्षा नहीं कर पाई थीं। इसी अहसास में उन्होंने सार्वजनिक रूप से राय के खिलाफ कुछ नहीं बोला। इसी वजह से मुकुल राय की वापसी को लेकर संबित पात्रा ने भी एक टिप्पणी में कहा कि हम उन्हें गद्दार नहीं बोलेंगे।

भारतीय राजनीति के स्कूल में भाजपा अगर अव्वल विद्यार्थी है तो तृणमूल कांग्रेस वो है जो भाजपा के नोट्स पढ़ कर सबक लेती है कि कक्षा में बने रहने के लिए कौन सा परचा कैसे लिखना है। वो कांग्रेस की तरह नहीं है कि किताब-कॉपी ही फेंक दे, जाओ इतनी कठिन परीक्षा में हम पास ही नहीं हो सकते तो पढ़ाई क्यों करें। कांग्रेस अगर चाहती है कि कक्षा से उसका नाम ही न कट जाए तो एक बार उसे बंगाल की कक्षा में ममता बनर्जी का परचा जरूर देख लेना चाहिए।

भाजपा की रणनीति रही है कि वह चुनाव के पहले अपने विपक्षी दल में भगदड़ पैदा करती है। किसी भी दल का मनोबल तोड़ने का यह पहला कदम होता है ताकि इस भगदड़ में वो विकल्प बनने की संभावना ही न देखे। बंगाल में कांग्रेस पहले तृणमूल हुई और फिर उनमें से कई भाजपा के हुए। बंगाल में ममता बनर्जी का जो रवैया था उसमें एक किस्म की अस्तित्व बचाने की छटपटाहट थी। न सिर्फ वो अपने कैडर के लिए डटी रहीं बल्कि उनमें से जो नाराज होकर चले गए उनकी वापसी के लिए भी जुट गईं। अपने साम-दाम-दंड-भेद को वो एक विचारधारा की शक्ल देने में भी लगी रहीं। ममता बनर्जी ने सबक ले लिया था कि भाजपा का मुकाबला उसके हथियार से ही किया जा सकता है। उन्होंने कांग्रेस की तरह हथियार डाला नहीं।

अपना अस्तित्व बचा लेने के बाद ममता बनर्जी उसके विस्तार के लिए सक्रिय हुईं। जब उन्हें पर्याप्त बहुमत मिल ही गया था तो फिर क्या जरूरत थी भाजपा में गए लोगों की वापसी के लिए मेहनत करने की। लेकिन वो एक क्षण के लिए नहीं भूलीं कि वो दिन दूर नहीं जब उन्हें लोकसभा चुनाव में भाजपा की पहले से ज्यादा सधी हुई रणनीति का सामना करना होगा। कैडरों और वोटरों को अपना बनाए रखने के लिए लगातार मेहनत की जरूरत होती है। यह जीवटता कांग्रेस में दूर-दूर तक नहीं दिखाई देती है।

कांग्रेस का शीर्ष नेतृत्व शायद अति भलमनसाहत वाला है जिसमें जाने वालों को रोकने की कोई छटपटाहट और बेचैनी नहीं है। अगर कोई सुबह में चला गया तो उसके लिए दो बोल ऐसे बोलें कि वह शाम होने पर लौटने की सोच सके। लेकिन यहां शीर्ष नेतृत्व तो परम संतोषी है ही नीचे के काडर जाने वालों को गद्दार और आस्तीन का सांप बता अपनी निष्ठा जताने और जगह बनाने में जुट जाते हैं। ऐसे में जाने वाला तो और दूर हो ही गया, उन्हें लेकर भी कब तक खुशफहमी पाली जा सकती है जो कह रहे हैं कि जोशी ने मुझसे नहीं सचिन तेंदुलकर से बात की होगी। यह उपनाम कभी भी तेंदुलकर से पायलट हो सकता है।

15.06.2021

सांप्रदायिक तनाव व हिंसा किसी भी राज्य की शक्ति में लगा वह दीमक होता है जो उसे अंदर ही अंदर खोखला कर रहा होता है। पहले सरकारें उसे नजअंदाज कर पुलिस थाने के जिम्मे मामला सौंप सो जाती हैं। सांप्रदायिक तनाव के दीमक की पहचान तब होती है जब एक दिन आपकी सरकार भरभरा कर गिरने लगती है। चारों तरफ से सवाल उठने शुरू हो जाते हैं कि अब तक क्या कर रहे थे। राहुल गांधी को सांप्रदायिकता के इस दीमक के खिलाफ सख्ती से कार्रवाई करने की दखल देनी चाहिए। राजस्थान जैसा राज्य जो राजनीतिक रूप से सक्रिय और संवेदनशील है वहां कांग्रेस के 'अशोक स्तंभ' की जिम्मेदारी बनती है कि संवेदनशीलता और सतर्कता से अपने गढ़ को बचाइए। कन्हैयालाल प्रकरण के बाद राजस्थान की कांग्रेस सरकार पर उठे सवाल को लेकर बेबाक बोल।

अशोक स्तंभ

राजस्थान सांप्रदायिक सौहार्द के लिए जाना जाता है। यहां के भाईचारा और अपनायत की मिसाल पूरे देश में दी जाती है...मेरा सभी धर्मगुरुओं, जनप्रतिनिधियों, सामाजिक संगठनों एवं समाजसेवियों से आग्रह है कि वे सामाजिक सौहार्द की अपील करें, ताकि प्रदेश में शांति का वातावरण बना रहे। प्रदेशवासी अशांति फैलाने एवं माहौल खराब करने वाले असामाजिक तत्त्वों के बहकावे में न आएं।'

राजस्थान के मुख्यमंत्री अशोक गहलोत ने सरकारी कागजों पर जो अपील की है उसकी जरूरत न पड़ती अगर वे राज्य की जिम्मेदार सरकार की तरह व्यवहार करते। एक कुशल कामगार जो अपने हुनर से जिंदगी की गाड़ी चला रहा था उसने राज्य की मशीनरी को अपने ऊपर आए खतरे को लेकर आगाह भी किया था। सुरक्षा मांगी थी। एहतियातन कुछ दिन घर में भी बैठा रहा। लेकिन शायद उसे राज्य और कानून की व्यवस्था पर भरोसा रहा होगा। इसी भरोसे वह काम पर लौटा। हत्यारे उसके ग्राहक बनकर आए। उसकी जघन्य हत्या कर वीडियो इंटरनेट पर डाला।

भारत में इस्लामिक स्टेट के आतंकवादियों की शैली में इस हत्या के बाद राहुल गांधी से क्या उम्मीद थी? उन्हीं राहुल गांधी से जो भट्टा पारसौल से लेकर उत्तर प्रदेश में हुई हर ज्यादती के बाद लोकतंत्र के रखवाले के तौर पर पहुंचते हैं। उत्तर प्रदेश की सरकार से सवाल पूछते हैं कि आखिर हत्यारों की इतनी हिम्मत कैसे हुई? कहां था उत्तर प्रदेश का कानून व प्रशासन? वही राहुल गांधी जो विदेशी मंचों पर वहां की जनता के बीच भारत के राजधर्म की बात करते हैं। जिस हत्या ने पूरे देश को खौफ भरा रतजगा दे दिया, उसके बारे में एक ट्वीट कर राहुल गांधी सो गए।

धर्मांधता के नाम पर राजस्थान में जो हत्या हुई उस पर उच्चतम कार्रवाई की उम्मीद थी। कन्हैयालाल की इस हत्या की कितने लोगों ने भर्त्सना की यह भी उंगलियों पर गिना जा सकता है। यह कोई आम आपराधिक घटना नहीं है। इसके तार उस अंतरराष्ट्रीय गिरोह से जुड़े बताए जा रहे हैं जिस पर पाकिस्तान में सलमान

तासीर जैसे उदारवादी नेता की हत्या का आरोप है। तासीर जैसे उदारवादी नेताओं के हत्यारों को लेकर सहिष्णु रहने वाले देश पाकिस्तान का आज क्या हाल है हम देख सकते हैं।

कन्हैयालाल की पत्नी का बयान है कि मेरे पति ने मुसलमानों को भी काम पर रखा था। वे किसी धर्म को कमतर नहीं समझते थे। फिर कन्हैयालाल की पत्नी को अपने पति की हत्या का दृश्य याद आता है और वे हिंदुओं को संगठित होने की जरूरत भी बताती हैं। मुस्लिमों के साथ रोजी-रोटी कमाने वाले व्यक्ति की पत्नी अगर अपनी धार्मिक अस्मिता को लेकर खौफजदा हो गई है, तो इसके सबसे पहले जिम्मेदार राज्य के मुखिया अशोक गहलोत हैं।

अगर गहलोत हत्या वाले दिन ही कन्हैयालाल के परिवार के पास पहुंच जाते तो शायद उनकी पत्नी और परिवार की मानसिक हालत कुछ और होती। उसी दिन पहुंच कर प्रियंका गांधी ने गले लगाया होता या राहुल गांधी मरने वाले के घर की चौखट पर गमजदा हुए होते, अशोक गहलोत पर सख्त कार्रवाई की होती तो बात समझ में आती कि यह सिर्फ राष्ट्रीय सुरक्षा एजंसी नहीं बल्कि राज्य की राजनीति का भी मामला है।

इस आग के पहले राजस्थान में सांप्रदायिक तनाव की चिनगारी कई बार सुलग चुकी है। राष्ट्रीय अपराध रेकार्ड ब्यूरो के आँकड़ों की बात करें तो पिछले चार साल के अंदर राज्य में सांप्रदायिक हिंसा की छह बड़ी घटनाएं हो चुकी हैं। इस साल दो अप्रैल को करौली में हिंदू नव वर्ष पर हुई हिंसा में भयानक आगजनी में 35 से ज्यादा दुकानें जला दी गई थीं और इलाका पंद्रह दिन तक कर्फ्यू के साये में रहा था।

करौली हिंसा के तार कांग्रेस पार्षद से ही जुड़े होने के आरोप लगे थे। पिछली तीन मई को परशुराम जयंती और ईद का उत्सव साथ पड़ने पर अशोक गहलोत का गृह नगर आग और पत्थरों के हवाले हो चुका था, जिसके कारण तीन दिन का कर्फ्यू लगाना पड़ा था। झालावाड़ और बारां भी देश के नक्शे पर सांप्रदायिक दंगे के कारण दागी हो चुका था।

पिछले कुछ समय से ऐसा हाल हो गया था कि राजस्थान में हर पर्व-त्योहार और उत्सव को हिंसक माहौल में तब्दील कर दिया जा रहा था। गलियों में निकलने वाले हर उत्सवी जुलूस पर पत्थर बरसने लगते थे। हर दंगे व तनाव के बाद गहलोत कागजी सख्ती दिखा कर सो जाते थे और राजस्थान के गली-मोहल्ले किसी नई फसाद के खौफ में जागे रहते थे।

पिछले काफी समय से रोज शाम टीवी बहसों में राजस्थान में हो रहे सांप्रदायिक

तनाव और धार्मिक हिंसा का जिक्र हो रहा था। इस जिक्र और फिक्र को अशोक गहलोत से लेकर राहुल गांधी तक ने कितनी तवज्जो दी? टीवी पर कांग्रेस के प्रवक्ता अपनी राजस्थान सरकार के बचाव के लिए तर्क तो गढ़ लेते थे। लेकिन वहां से लौट कर वे अपने नेताओं को यह बताने की जहमत क्यों नहीं उठाते थे कि राजस्थान में हम चौतरफा सवालों के घेरे में हैं। क्या प्रवक्ताओं का काम टीवी पर वाद-विवाद की प्रतियोगिता में हिस्सा भर लेना होता है। क्या राहुल गांधी जैसे कांग्रेस के अदृश्य अध्यक्ष की जिम्मेदारी नहीं बनती है कि कार्यकर्ताओं व प्रवक्ताओं से जमीनी हालात का जायजा लें।

सांप्रदायिक तनाव व हिंसा किसी भी राज्य की शक्ति में लगा वह दीमक होता है जो उसे अंदर ही अंदर खोखला कर रहा होता है। सरकारें पहले उसे नजरअंदाज कर पुलिस थाने से जुड़े लोगों पर जिम्मेदारी थोप कर सो जाती हैं। लेकिन एक दिन ऐसा आता है कि दीमक उसे अंदर से इतना खोखला बना देता है कि सत्ता भरभरा कर गिर जाती है। राहुल गांधी अगर राजस्थान की सत्ता में लगे इस दीमक को देख कर भी इसका इलाज नहीं कर रहे थे तो फिर यही माना जाए कि सांप्रदायिकता व कथित राजधर्म पर उनका विदेशों में बोलना और ट्वीट करना उनके छवि-प्रबंधन तंत्र का हिस्सा भर ही है।

राजस्थान पुलिस ने कन्हैयालाल को सांप्रदायिक तनाव के आरोप में गिरफ्तार किया था तो जाहिर सी बात है कि वे कट्टरपंथियों की नजरों में दुश्मन बन गए थे। उन्होंने पुलिस को बताया कि उनकी जान पर खतरा है लेकिन कानून-प्रशासन ने उन्हें कट्टरपंथियों के हाथों मरने के लिए अकेला छोड़ दिया। पुलिस-प्रशासन की इस एक लापरवाही ने देश के इंटरनेट पर वह वीडियो डाल दिया जो सिर तन से जुदा वाले आतंकवादियों के नारे का महिमामंडन करता है।

अशोक गहलोत आज प्रधानमंत्री से लेकर धर्मगुरुओं से कह रहे हैं कि वे सूबे में शांति की अपील करें। राजस्थान के लोगों ने केंद्र के नेताओं व धर्मगुरुओं को नहीं कांग्रेस को वोट दिया था। भाजपा की आंधी के समय में भी कांग्रेस पर भरोसा किया था। ऐसे विपरीत माहौल में कांग्रेस के कंधों पर ज्यादा बड़ी जिम्मेदारी आती है कि वे राज्य के शासन-प्रशासन को चुस्त-दुरुस्त रखें।

अगर राहुल गांधी ने पहले की सांप्रदायिक घटनाओं पर ही अशोक गहलोत की जिम्मेदारी तय की होती तो आज सुंदर झीलों के शहर उदयपुर पर धर्मांधता के खौफ का साया नहीं तैर रहा होता। राहुल गांधी सांप्रदायिक मामलों में उत्तर प्रदेश के मुख्यमंत्री योगी आदित्यनाथ से ही थोड़ा सीख लेते। राजस्थान में जो हुआ वह पूरी

तरह से एक सरकार और पार्टी की नाकामी का सबूत है। अशोक गहलोत सरकार के प्रशासन की नाकामी से जिस तरह कट्टरपंथियों के मंसूबे पूरे हुए वह राहुल गांधी के राजनीतिक मंसूबों के लिए दावत-ए-बर्बादी ही है।

कांग्रेस के लिए घनघोर अंधेरे से भरे इस समय में ऐसा लग रहा है कि राहुल गांधी अपने बचे-खुचे चिरागों को खुद ही फूंक मार कर बुझा रहे हैं। अगले साल राजस्थान में चुनाव है तो क्या अब भी वहां के मुखिया को अशोक स्तंभ की तरह ही देखा जाएगा? राजनीति में अशोक स्तंभ का ऐतिहासिक महत्त्व हो सकता है, असल अशोक स्तंभ की तरह उनकी सराहना तो की जा सकती है लेकिन उन पर नई इमारत नहीं खड़ी हो सकती। उसके लिए आपको नया नक्शा और नई सामग्री की दरकार होगी। यह बात राहुल गांधी जितनी जल्दी समझ लें उतना ही कांग्रेस की सेहत के लिए अच्छा होगा।

02.07.2022

कांग्रेस में पिछले दो दशक में संगठनात्मक चुनाव नहीं हुए हैं। भारतीय राजनीति में जब कोई दल लंबे समय तक सत्ता में रहता है तो संगठनात्मक स्तर पर लोकतांत्रिक कवायद से बेपरवाह हो जाता है। आलाकमान का वचन ही शासन होता है। कभी शीर्ष के बल पर शीर्ष में रखे गए नेता जितनी तेजी से कांग्रेस नेतृत्व पर आरोप लगा कर पार्टी को अलविदा कह रहे हैं उतनी तेजी से तो पार्टी में सुधार संभव नहीं दिखता। इन नेताओं ने 2014 से पहले लोकतांत्रिक कांग्रेस की मांग नहीं की थी क्योंकि इन्हें सत्ता में अहम भागीदारी मिली थी तो संगठन मजबूत करने की जिम्मेदारी शायद विपक्षी दलों का काम समझ लिया गया था। आज जब कांग्रेस में संगठनात्मक चुनाव का एलान हो गया है तो देखना होगा कि चिट्ठी-क्रांति करने वाला समूह चुनाव में भाग लेता है या चुनावी प्रक्रिया खट्टी है कह कर मुंह फेर लेता है। कल तक दरबारी का बिल्ला लगा रखे नेताओं के बागी बोल पर बेबाक बोल।

भाग दरबारी

गुल भी मानिंद-ए-खार हैं अब तो
नंग-ए-फस्ल-ए-बहार हैं अब तो

—नामी नादरी

कांग्रेस के लिए यह समय राजनीतिक विपन्नता का है। राजनीतिक शक्ति के संसाधन में वह अर्श से फर्श पर पहुंच चुकी है। जाहिर सी बात है कि यह समय पार्टी के उन लोगों के लिए बहुत कष्टकारी होगा जिन्होंने लंबे समय तक सत्ता का सुख भोगा है। अभी कांग्रेस महज दो जगहों पर सत्ता में है। पार्टी को अपने नेताओं के पास देने के लिए ज्यादा कुछ नहीं है सिवाय संघर्ष के लिए उत्साहित करने के। लेकिन, संघर्ष शब्द आदर्श रूप से जितना आकर्षक लगता है, व्यावहारिक रूप से उतना ही मुश्किल।

केंद्र की सत्ता से बेदखल होने के बाद जितनी जल्दी जी-23 का जन्म हुआ वह उतना भी आश्चर्यजनक नहीं था। लंबे समय से जनता से दूर नेताओं के लिए सबसे आसान काम था, चिट्ठी लिख कर पार्टी आलाकमान से अपनी नाराजगी जताना। दूसरी ओर, सबसे मुश्किल काम था, जनता के बीच जाकर उनकी नाराजगी दूर करना। चिट्ठी लिखी गई, मीडिया को दी गई और बहुचर्चित हुई।

कांग्रेस को उपदेशों की झड़ी के साथ पार्टी छोड़ने वालों की लड़ी लग गई। जो कल तक खुद 'राग दरबारी' सप्तम सुर में गा रहे थे, आज वे कह रहे हैं कि कांग्रेस सुरक्षाकर्मियों (इशारा शायद केबी बायजू की ओर था जो राहुल गांधी की एसपीजी सुरक्षा के पूर्व सदस्य हैं) और चपरासियों के हवाले है।

जरा सोचिए, दरबार की सुरक्षित कुर्सियों पर बैठने वाले लोगों के लिए सुरक्षाकर्मियों और अन्य कर्मचारियों के लिए कितनी घृणा है। आज गुलाम नबी आजाद उस खेमे के मुरीद हो रहे हैं जिसने राजनीति में इसी कथित सामंती संभ्रांत

मानसिकता को तोड़ा है। आजाद की सामंती सुर की भाषा ही उनकी अचकन पर लगा उनकी पहचान बताने वाला बिल्ला उचक-उचक कर दिखा रही है।

कपिल सिब्बल में भी आई थी बगावत की क्रांति

इसके पहले अपनी राज्यसभा की सदस्यता खत्म होते ही कपिल सिब्बल के अंदर भी बगावत की क्रांति आई और वे कांग्रेस को छोड़ कर समाजवादी पार्टी के कोटे से राज्यसभा सांसद बन गए। अभी हिमाचल प्रदेश कांग्रेस के लिए बड़ी चुनौती का मैदान है। वहां चुनाव आने वाले हैं और पार्टी को बहुत मेहनत करनी है। जाहिर सी बात है कि हिमाचल में कांग्रेस विपक्ष में है और वहां आम आदमी पार्टी का उभार तेजी से हो रहा है तो कांग्रेस को मुकाबले में रहने के लिए भी बहुत ज्यादा मेहनत करनी होगी। अब मेहनत करने से अच्छा है कि किसी भी तरह की जिम्मेदारी से पल्ला झाड़ो। आनंद शर्मा ने हिमाचल में चुनौतियों का हिमालय देख आरोप और उपदेश का आसान रास्ता चुना।

चुनावों में लगातार मिल रही पार्टी की हार के बाद मनीष तिवारी से लेकर आनंद शर्मा तक पार्टी के संगठनात्मक ढांचे से नाराज हैं। पार्टी के 23 वरिष्ठ नेताओं ने चिट्ठी लिख कर अपनी नाराजगी दिखाई। अब इनकी नाराजगी दूर करने का मौका आ गया है। कांग्रेस ने संगठनात्मक ढांचे में आम चुनाव का एलान कर दिया है। पार्टी का संदेश है कि लोकतांत्रिक तरीके से अध्यक्ष चुना जाए, चाहे वह राहुल गांधी हों या कोई और।

मनीष तिवारी से लेकर आनंद शर्मा तक नाराज

अब, वे सभी नेता जिन्हें लगता है कि राहुल इस जिम्मेदारी के योग्य नहीं हैं उन्हें अध्यक्ष-पद के लिए चुनाव लड़ना चाहिए। पार्टी के संविधान के मुताबिक पार्टी का कोई भी सदस्य चुनाव लड़ सकता है। अध्यक्ष पद के लिए इंदिरा गांधी तक को चुनौती दी भी जा चुकी है। सीताराम केसरी को शरद पवार और राजेश पायलट ने चुनौती दी थी। सोनिया गांधी को जितेंद्र प्रसाद ने चुनौती दी थी।

डूबती हुई नाव से सबसे पहले वही भागते हैं जिनमें जहाज खेने का जज्बा न बचा हो। अभी दरबारी पुराण छेड़ कर सवाल उठाने वाले लोग वही हैं जो नब्बे के दशक में मनमोहन सिंह के समय में कांग्रेस में उभरे। इन नेताओं का संबंध कभी भी जमीनी राजनीति से नहीं रहा है। इन सबने कांग्रेस की बनी-बनाई जमीन पर अपनी

सुविधाजनक राजनीति की आलीशान इमारत बनाई। राहुल गांधी की अयोग्यता की दलील देने वाले सभी हुनरमंद नेता हैं जो कांग्रेस के आधार पर ही स्थापित हुए।

अब जब बना-बनाया आधार खिसक गया है तो इनके पास क्षमता नहीं है कि अपना आधार बनाने के लिए संघर्ष करें। कांग्रेस में लंबे समय से तो कोई आधार बनाने के लिए गया ही नहीं। आधार बनाने का सारा काम ऊपर से ही हुआ। ये सभी ऊपर से ही डाले गए नेतृत्व थे। नेतृत्व ने ही इन्हें उठा कर मंत्रिमंडल में लिया। ये हमेशा शीर्ष पर शीर्ष की बदौलत ही रहे। आज जब इनके पांवों ने जमीन मांगी तो हवा में लटकने का सारा दोष भी शीर्ष पर ही डाल रहे।

राहुल के पास ज्योतिरादित्य की तरह भाजपा में जाने की सुविधा नहीं

राहुल गांधी की दिक्कत यह है कि कांग्रेस की कमान उन्हें तब मिली जब यह चौतरफा संकटों से घिर चुकी थी। अब उनके पास तो ज्योतिरादित्य सिंधिया या जितिन प्रसाद की तरह भाजपा में चले जाने की सुविधा है नहीं। विरासती नेता का आरोप उन्हें झेलना है तो इस विरासत को दुरुस्त करने की जिम्मेदारी भी सिर्फ उन्हीं की मानी जा रही है। दूर से तो राहुल गांधी की कोशिश ऐसी टीम खड़ी करने की दिख रही है जो जमीन से जुड़ी हुई संघर्षशील हो। राहुल संगठन का ढांचा भी दुरुस्त करने की कवायद में दिख रहे हैं।

इन सब में सिर्फ आसमानी दलील वाले बेजमीनी नेता कहीं से भी योग्य नहीं ठहरते हैं। यहीं से विरोधाभास शुरू होता है। हर चुनावी हार के बाद नेताओं की पार्टी छोड़ने की सुविधाजनक दलील शुरू हो जाती है।

चाहे वे अशोक गहलोत हों या दिग्विजय सिंह, इन नेताओं में इस तरह का संकट नहीं दिखता है। सत्ता से दूर रहने की हताशा तो स्वाभाविक है लेकिन इनके पास अपनी बनाई जमीन है तो वापसी की उम्मीद भी रहती है। संकट में वे ज्यादा दिखे जो कांग्रेस की बनी-बनाई जमीन पर स्थापित किए गए। जो कभी सत्ता के गलियारे में आसमान से टपके और अब सत्ता के लिए कहां जाएं की सोच पर अटके हैं।

भाजपा लगातार दूसरी पारी खेल रही है और आगे भी उसका भविष्य उज्ज्वल ही दिख रहा है। चुनाव सुधार के नाम पर चुनावी चंदे का भी सीधा-सीधा नुकसान कांग्रेस को हुआ है। ये लोग वैसे शाही नेता हैं जिन्होंने कांग्रेस की गरीबी के दिन नहीं देखे थे। ऐसी स्थिति में चाहे कपिल सिब्बल हों या गुलाम नबी आजाद, अपनी राजनीतिक आकांक्षाएं पूरी करने के लिए पार्टी छोड़ना ही बेहतर समझ रहे हैं।

सांगठनिक चुनाव में हिस्सा बन दिखाएं गंभीरता

पार्टी के संगठनात्मक ढांचे पर सवाल उठा रहे नेता आगे नजीर तभी बनेंगे जब वे सांगठनिक चुनाव का हिस्सा बन कांग्रेस में सुधार को लेकर अपनी गंभीरता दिखाएं। अगर आपने इस मौके का फायदा नहीं उठाया और सिर्फ प्रक्रियागत दोष निकाला तो यही माना जाएगा कि आप कांग्रेस के बने रहने के खेल में हिस्सा नहीं लेना चाहते हैं, बल्कि उसका खेल ही खराब कर देना चाहते हैं। जैसे कि सारे विपक्षी दल चुनाव से पहले ही ईवीएम का रोना रोने लगते हैं। वहीं, दिल्ली व पंजाब में उनकी जीत हो जाती है तो फिर उन्हें विपक्ष में कोई खामी नजर नहीं आती है। यानी हार के पहले ही आरोपों का प्रहार करने का रास्ता आप बना लेना चाहते हैं।

कांग्रेस के बागी नेता संगठनात्मक चुनाव में हिस्सा नहीं लेते हैं तो यही माना जाएगा कि आप में और विपक्ष में इतना ही फर्क है कि वे पार्टी के बाहर हैं और आप अंदर। अगर आपने चुनावों में हिस्सा लिया और 23 वोट ही हासिल कर लिए तो भी आप अपनी चिंताओं को वैधानिकता दे पाएंगे। नहीं तो यही माना जाएगा कि आप कोई नया रास्ता नहीं बनाना चाहते, सिर्फ पिछले दरवाजे से कुर्सी, बंगला ही सुरक्षित रखना चाहते हैं।

03.09.2022

हिन्दू-मुसलमान, जाति, आरक्षण की धुरी पर घूर्णन कर रहे भारतीय चुनाव में एक निजी विश्वविद्यालय के विद्यार्थी आ जाते हैं। हमें पता चलता है कि जाति-धर्म के मसलों पर उलझ कर हम अपने शिक्षा संस्थानों की बात करना तो भूल ही गए हैं। एक राजनेता को 'पप्पू' साबित करने में अपनी ऊर्जा झोंक रहे जनसंचार माध्यमों को देखते हुए हमें यह नहीं देखने दिया गया कि हमारे बच्चे अज्ञानी और अनागरिक बनने के दीक्षांत समारोह में खड़े हैं। हमारे अपने युवा ही ऐसे 'पप्पू' बनने की ओर अग्रसर हैं जहां लाखों की फीस देने के बाद भी उनके सोचने-समझने का स्तर न्यूनतम है। गांवों के स्कूल के बच्चे दो का पहाड़ा नहीं जानते तक की रिपोर्टिंग से लेकर लाखों की फीस वाले कालेज के बच्चे हिंदी और अंग्रेजी के शब्द शुद्ध नहीं पढ़ सकते के सफर पर बेबाक बोल।

नी मैं आपे पप्पू होई...

आईना दिखाती है कि पहचान में आ
अक्स-ए-नायाब मिरे दीदा-ए-हैरान में आ

—जेब गौरी

2024 के चुनाव को जहां कुछ समय पहले तक एकतरफा माना जा रहा था, वहीं अब तीसरे चरण के मतदान तक आते-आते किसी के लिए कुछ भी कहना मुश्किल होता जा रहा है। सात चरणों तक चलने वाली लंबी चुनावी प्रक्रिया पर सवाल भी उठे थे। अक्सर ऐसे सवालों पर देश की बड़ी जनसंख्या और सीमित संसाधनों का ब्रह्मास्त्र चला दिया जाता है। लेकिन, दो चरण के बाद ही जिस तरह की जमीनी हकीकत सामने आ रही है उसे देख कर लगता है कि अच्छा ही हुआ कि चुनाव प्रक्रिया इतनी लंबी चली।

चुनाव में कोई भी दल जीते, लेकिन हर क्षेत्र में देश की बुरी तरह हार रही लोकतांत्रिक संस्थाओं की असल सूरत इसी समय देखने को मिल रही है। चुनाव जैसे-जैसे आगे बढ़ रहा है पीछे की ओर कदम बढ़ाती राजनीतिक शुचिता अपना अस्तित्व बचाने की गुहार कर रही है।

चुनाव प्रक्रिया के दौरान ही जवाहरलाल नेहरू विश्वविद्यालय की कुलपति का एक साक्षात्कार सामने आया, जिसमें सवाल-जवाब के दौरान 'मुफ्तखोर' विद्यार्थियों को लेकर उनकी चिंता दिखी। देश के इस 'प्रीमियम' (इस शब्द को अंग्रेजी में लिखना जरूरी है क्योंकि इसका अनुवाद 'उत्कृष्ट' इस शब्द के साथ न्याय नहीं करेगा) विश्वविद्यालय के पिछले दस साल के कुलपतियों को देखेंगे तो उनकी दिलचस्पी पुस्तकालय और प्रयोगशाला से ज्यादा विश्वविद्यालय परिसर में 'युद्धक टैंक' लगाने की ज्यादा रही है।

जेएनयू जैसे उच्च शिक्षा संस्थान का मकसद शोधार्थी तैयार करना होता है। शोध और ज्ञान कोई मशीनी काम नहीं है या न ही कोई दौड़ प्रतियोगिता है कि

कितने समय में पूरा कर लिया। अब ज्ञान और शोध का बोरिया-बिस्तर समेटिए। जब देश की सेना के लिए चार साल का वक्त ही काफी मान लिया गया है तो फिर विश्वविद्यालयों में तो चार साल से ज्यादा पढ़ने वाले, शोध करने वाले 'शिक्षावीर' युवा बोझ ही माने जाएंगे।

इन दिनों जैसे पैदल चलने वाले कदम बढ़ाने से ज्यादा 'स्मार्ट वाच' में अपने कदमों को गिनते हैं, उसी तरह ज्ञान और शोध का भी 'स्मार्ट' तरीका खोजा जाने लगा है। पीएचडी में दाखिले के लिए योग्यता तो आसान की जा रही है, लेकिन संसाधन इतने कम किए जा रहे हैं कि इसमें शोध कैसे हो, इस विषय पर कई शोध हो सकते हैं। जेएनयू जैसे विश्वविद्यालयों की साख को देश के संसाधनों पर बोझ बताने की विफल कोशिश होती रही है, लेकिन 'करत-करत अभ्यास के' वाली कहावत और सत्ता की कोशिशों को देखेंगे तो कितने दिन तक इसके बचे रहने की उम्मीद पाली जा सकती है?

अब हम कदमों को गिनने से ज्यादा चलने को अहम मानने वाली जेएनयू जैसी सरकारी संस्था से निकल कर उस 'स्मार्ट' विश्वविद्यालय की ओर चलते हैं जिसकी शिक्षा-दीक्षा सरकार के लिए कोई बोझ नहीं है। इसके उलट कोई विद्यार्थी वहां ज्यादा दिनों तक रह कर किसी और तरह का 'ज्ञान' हासिल करना चाहता है तो वह मुफ्तखोरी नहीं कही जाएगी, वह तो मुनाफा है।

अब एक स्थिति की कल्पना करते हैं। चुनावों के इस समय में जेएनयू, एचसीयू, डीयू के विद्यार्थी कांग्रेस या किसी अन्य विपक्षी दल के घोषणापत्र के समर्थन में निकल कर सत्ता पक्ष वाली पार्टी के मुख्यालय तक पहुंच जाएं। जो बात सत्ता पक्ष के घोषणापत्र में कही भी नहीं गई है उसे पोस्टर में लिख कर नारे लगाएं। इसके बाद क्या होगा? इन विद्यार्थियों पर अनगिनत मुकदमों की बाढ़ आ जाती। जिस 'अर्बन नक्सल' शब्द को संसद में गृह मंत्रालय की ओर से खारिज कर दिया गया था, उन्हें उसी का खिताब दिया जाएगा।

ऊपर जिस स्थिति की कल्पना की गई, अप्रत्याशित रूप से एक निजी विश्वविद्यालय के विद्यार्थियों ने ऐसा किया। वे कांग्रेस के घोषणापत्र के खिलाफ प्रदर्शन करने पहुंचे। भारतीय जनता पार्टी के आइटी सेल के प्रमुख ने इस प्रदर्शन के एक हिस्से को ट्वीट करते हुए इसे कांग्रेस के क्रूर कर (संपत्ति, विरासत) की प्रस्तावना के खिलाफ स्वागत योग्य कदम बताया। उनके अनुसार पहली बार के मतदाता सूचना पर आधारित विवेक सम्मत फैसला ले रहे हैं न कि कुतर्कों से लिपटे किसी परोसे हुए विचार के आधार पर।

यह दूसरी बात है कि एक टीवी चैनल के पत्रकार ने वहां मौजूद विद्यार्थियों से उन पोस्टरों के बारे में पूछना शुरू कर दिया जो उनके हाथ में मौजूद थे। लाखों की फीस लेने वाले विश्वविद्यालय के विद्यार्थी पोस्टर पर लिखे हिंदी के शब्दों को ठीक से पढ़ भी नहीं पा रहे थे। अब इस पंक्ति के बाद कुतर्क हो सकता है कि इन बच्चों को हिंदी-विंदी पढ़नी नहीं आती। ये विद्यार्थी अंग्रेजी के 'अर्बन नक्सल' और 'वल्चर' जैसे शब्द भी नहीं पढ़ पा रहे थे। टीवी स्क्रीन पर उनकी समझ का स्तर देख कर देश के हर अभिभावक को चेत जाना चाहिए कि जेएनयू जैसी संस्थाओं को खारिज कर शिक्षा का कौन सा ढांचा तैयार किया जा रहा है।

चुनावों के समय में ऐसे दृश्य आते रहते हैं जहां भाड़े पर लाए गए प्रदर्शनकारियों को यह पता नहीं होता कि वे किन मुद्दों पर नारेबाजी कर रहे हैं। यह मामला चौंकाने के साथ डराने वाला है। ये कोई हाशिये पर पड़े, दो रोटी के लिए मशक्कत करने वाले लोग नहीं हैं। ये एक विश्वविद्यालय के विद्यार्थी हैं। कई अभिभावक अपने खेत बेच कर बच्चों को पढ़ने के लिए यहां भेजते हैं। राजनीतिक समझ तो दूर की बात इन्हें हिंदी और अंग्रेजी के सामान्य अक्षरों का मतलब पता नहीं।

हमें याद नहीं कि पिछले किस चुनाव में स्कूलों और विश्वविद्यालयों की स्थिति को प्रमुख मुद्दा बनाया गया था। बेरोजगारी और महंगाई से तो आगे हम निकल भी नहीं पाए थे कि जाति, आरक्षण और मजहब में उलझे रह गए। स्कूल, कालेज छोड़ हिंदू-मुसलमान के लिए लड़ने लग गए। हर दल आरक्षण को अपना ब्रह्मास्त्र बना चुका है। यहां तक कि आरएसएस को भी अपनी विचारधारा को अल्पकालिक स्मृति लोप में भेज कर बोलना पड़ा कि वह कभी आरक्षण के खिलाफ नहीं रहा है।

हमारा सवाल यह है कि दोनों पक्ष जो आरक्षण पर उलझा पड़ा है वह आरक्षण लागू करेगा कहां? आरक्षण तो देश के सांस्थानिक संसाधनों में ही लागू करना होगा। लेकिन, जब विश्वविद्यालय और नौकरी के संस्थान ही नहीं बचेंगे तो एक शून्य में आरक्षण लेकर हम करेंगे क्या? शून्य होते संसाधन और आरक्षणों की बढ़ती श्रेणी और फीसद को लेकर हम सवालयाफ्ता क्यों नहीं होते?

भारत जैसी बड़ी जनसंख्या और 80 करोड़ मुफ्त राशन लेने वाली जनता के देश में सत्तर सालों में दूसरा जेएनयू तो तैयार हो नहीं पाया, लेकिन ऐसे अनगिनत विश्वविद्यालय खड़े कर दिए गए जो लाखों की फीस लेकर हमारे बच्चों को अनागरिक व अज्ञानी होने के दीक्षांत समारोह में खड़ा कर दे रहे हैं। शिक्षा के ढांचे में बदलाव के नाम पर दीक्षांत समारोह की पोशाक को बस ब्रितानी समय के काले चोगे से बदल कर लड़कियों के लिए साड़ी और लड़कों के लिए कुर्ता-पायजामा

कर दिया गया है। साड़ी और कुर्ते के बदलाव के साथ बढ़ती फीस, घटती शोध की सीट, संसाधनहीन पुस्तकालयों पर हमारी नजर पड़ रही है क्या?

देश में पिछले दस सालों की राजनीति में उम्मीद तो व्यवस्थामूलक बदलाव की थी। अफसोस सत्ताधारी दल से लेकर जनसंचार के साधनों की ऊर्जा एक नेता को 'पप्पू' साबित करने में खर्च होने लगी। फिर जनता का ध्यान कहां जाता कि उसके बच्चों के लिए किस ढांचे के विश्वविद्यालय और स्कूल-कालेज सही हैं। लेकिन, आज टीवी चैनल की एक रिपोर्ट हमें चौंका देती है। राहुल गांधी जो हैं, सो हैं। लेकिन, बुनियादी मुद्दाविहीन राजनीति और जनसंचार के साधनों के जरिए हमारे अपने बच्चे ही 'पप्पू' बनने की कगार पर हैं। इनमें उन बच्चों का कोई दोष नहीं है जो समाचार चैनल पर अपने कालेज की 'रैंकिंग' का प्रदर्शन कर रहे हैं। उनके देश की राजनीति और अभिभावकों ने उन्हें यही दिया है। अभिभावकों को भी कहां पता था—पप्पू, पप्पू कर दी नी मैं आपे पप्पू होई...।

4 मई 2024

गरीबों को न्यूनतम आय की गारंटी का चुनावी वादा कांग्रेस की ओर से उछालने के साथ ही केंद्र ने सुप्रीम कोर्ट में अर्जी दे दी कि अयोध्या में गैर विवादित जमीन रामजन्मभूमि न्यास को दी जाए। पहले वाले वादे पर जनता सोच रही कि इंदिरा गांधी ने गरीबी हटाओ का नारा दिया था। गरीबी हटाओ का मतलब यही था कि सबकी जेब में कुछ हो, कोई भूखे पेट न सोए। ऐसी स्थिति तो नहीं आई, अलबत्ता अब उस नारे को गरीबों के लिए न्यूनमत आय का नाम देकर फिर से 2019 के मैदान में उतारा गया है। वहीं दूसरे पक्ष से पूछा जा रहा कि आस्था तो उसी विवाद पर था, गैर विवादित वाले 'कांग्रेसी मंदिर' का हम क्या करें। भाजपा के घोषणापत्र में भटकते राम मंदिर पर कांग्रेसी नेता ने दावा ठोक दिया कि ताला हमने खोला था तो मंदिर भी हम ही बनवाएंगे। गैर विवादित भूमि वाले 'रामबाण' का असर 2019 के मैदान में क्या होने वाला है, इसी का विश्लेषण करता बेबाक बोल।

रामबाण

राष्ट्रीय राजधानी दिल्ली का इंदिरा गांधी राष्ट्रीय कला केंद्र। यहां चल रहे महोत्सव में कुछ खास तरह के लोग बैठे थे जिनके पूरे शरीर पर राम नाम का गोदना गुदा था। गाल, नाक से लेकर कान तक पर राम और सिर्फ राम। यह छत्तीसगढ़ का एक समुदाय था। इस समुदाय के बारे में अक्सर बातें होती रही हैं। एक बार और सही। एक सदी पहले इन्होंने ऐसा आंदोलन छेड़ा कि शरीर को ही मंदिर बना डाला। कथित छोटी जाति के होने के कारण इन्हें मंदिर में प्रवेश की इजाजत नहीं थी। इस अपमान के कारण इन्होंने मंदिर में कभी प्रवेश नहीं किया पर राम नाम गुदवा कर अपने पूरे शरीर को ही मंदिर बना डाला। समुदाय के एक सदस्य से राम मंदिर विवाद पर सवाल कर ही डाला। एक का जवाब था कि जिन राजा राम ने 'रघुकुल रीत सदा चली आई, प्राण जाई पर वचन न जाई' की तर्ज पर बस पिता की कसम की मर्यादा रखने के लिए राजपाट छोड़ डाला क्या उन्हें इस बात की चिंता होगी कि उनका मंदिर बनेगा या कहां बनेगा।

तुरुप के पत्तों और मास्टरी चाल की होड़ में 'रामबाण' चलाते हुए सुप्रीम कोर्ट में सरकार की अर्जी पहुंच गई। अयोध्या के लिए चलाए गए इस 'रामबाण' का क्या असर होगा? क्या यह चुनावी मैदान में कूदने जा रही सरकार का ब्रह्मास्त्र था। तो इस ब्रह्मास्त्र के असर को परखने के लिए कुंभ की प्रयोगशाला से बेहतर कौन सी जगह हो सकती है। पिछले चुनावों में अमेठी में मारे गए तंज 'हू इज शी' वाली डुबकी ले चुकी हैं और ट्वीट भी हो चुकी हैं। वो कौन बोलने वालीं के नए सियासी अवतार के साथ डुबकी लेने के दावे किए जा रहे हैं। बुआ से गठबंधन के बाद बबुआ भी अपनी डुबकी की पोज मीडिया को दे चुके हैं। इन सबके जवाब में सूबे के मुखिया सहित पूरा मंत्रिमंडल डुबकी लगा आया और कुंभ में पहली कैबिनेट बैठक का तमगा भी लहराया। इसके साथ ही जवाहरलाल नेहरू से लेकर इंदिरा गांधी तक के कुंभ में आस्था जगाने की तस्वीरें सोशल

मीडिया पर तैरने लगीं। इसी कुंभ में सरकार की अर्जी को लेकर कोई हंगामा नहीं बरपा।

कुंभ की नगरी में किसी ने इसे मजबूरी का नाम गैर विवादित मंदिर बताया तो किसी ने कहा कि यह तो मंदिर का कांग्रेसी फार्मूला है, हम इस मंदिर का क्या करेंगे। एक का कहना था कि मंदिर सोने की अट्टालिकाओं और वादों के कंगूरों का नहीं, आस्था के गर्भगृह का चाहिए था। तंबू में विराजे रामलला को गर्भगृह में पहुंचाना था। साधु-संतों को यह आस्था के गुबंद का विध्वंस सरीखा ही लगा। संसद में कानून क्यों नहीं, जैसे सवाल के आगे 'रामबाण' को एक भी मरीज ऐसा नहीं दिखा जिसके मर्ज का इलाज उसके पास हो।

जहां कुंभ में इस 'कांग्रेसी मंदिर' को खारिज किया जा रहा है तो अयोध्या में निर्मोही अखाड़ा भी इसमें मंदिर को लेकर मोह नहीं राजनीति ही देख रहा है। अब जब सरकार का कार्यकाल खत्म होने को है और सहायक शाखाएं पूछ रही हैं कि मंदिर का क्या हुआ और मातृ संस्था भी इस मामले में कड़ाई से रिपोर्ट कार्ड तलब कर रही है तो सुप्रीम कोर्ट की शरण सिर्फ राजनीतिक लाभ लेने की कोशिश भर ही दिखाई दे रही है।

भाजपा और कांग्रेस के एक-दूसरे की मास्टरी चाल के बाद जब हम साथ-साथ हैं, दिखने लगते हैं तो कांग्रेसी मंत्री दावा ठोक बैठते हैं कि ताला हमने खुलवाया तो मंदिर हम ही बनवाएंगे। भाजपा के घोषणापत्र में कहीं दुबका हुआ मंदिर वाला वादा कांग्रेसी वादों की फेहरिस्त में शामिल हो बैठता है। कांग्रेस की भी रणनीति है कि इस मंदिर गाथा में उसे खलनायक नहीं बनना है। उनके प्रवक्ता याचिका और अर्जी के बीच का भेद बताकर भाजपा की इस पूरी कवायद को फर्जी बता रहे हैं।

2019 के चुनावी मैदान में प्रियंका गांधी को औपचारिक सियासत का चोला पहना और कांग्रेस दफ्तर की आधिकारिक मुहर लगा कांग्रेस ने अपना तरकश तो अगले दस से पंद्रह सालों के लिए खाली कर ही दिया। अब भाजपा ने अपनी सुप्रीम अर्जी से अरज कर दी कि इस बार इतना ही, बाकी आगे देखेंगे। अब तक जो विवाद चुनावी प्रचार का मुख्य अध्याय था उसे गैर विवादित के रूप में बस क्षेपक बना डाला है। जिस पर पहले ही ठप्पा गैर विवाद का लगा दिया उसका चुनावी मैदान में क्या काम। इसका सीधा संदेश है कि इस कार्यकाल में तंबू वाले रामलला के मंदिर का आख्यान नहीं रचा जाएगा।

नब्बे के दशक में दीवारों पर 'जिस हिंदू का खून न खौले, खून नहीं वो पानी है' लिखने वाले उत्साही जवान आज प्रौढ़ावस्था को पार कर घट-घट में राम वाली बुजुर्गियत में पहुंच चुके हैं। पत्थरों को तराशने वाले, खंभे तैयार करने वाले कई हाथ अब इस दुनिया में नहीं हैं। वह दानपात्र अब भी मौजूद है और अयोध्या जंक्शन पर उतरने वाले श्रद्धालु अब भी उसमें अपनी आस्था का दान कर रहे हैं। सरयू के तट पर श्रीराम की विशालकाय मूर्ति लगाने का वादा है। अयोध्या को लोकप्रिय पर्यटनस्थल बनाने की कवायद शुरू हो चुकी है। सब कुछ आगे बढ़ा लेकिन लोग अब यह भी पूछ रहे हैं कि कहीं यह वादा पीछे की ओर तो नहीं लौट रहा कि मंदिर वहीं बनाएंगे।

मुश्किल यह है कि रामबाण का वैसा हंगामा भी नहीं बरपा। लोग ज्यादा पूछ भी नहीं रहे हैं। क्योंकि मंदिर आस्था का ही सवाल है। शहरों से लेकर कस्बों तक में ईंट-गारों से आधुनिक शैली में बनाए मंदिर पर 'प्राचीन' लिखा मिल जाना आम बात है। जिन लोगों ने आधुनिक मंदिरों की बुनियाद डलते देखी है] वे भी कंगूरे के पास लिखा 'प्राचीन' देख आंखें मूंद लेते हैं। यही 'प्राचीन' है जो आस्था भी तैयार करती है। उस आम जनता के लिए यह प्राचीन की आस्था अहम है जो राहुल गांधी के ताजे वादे 'सबको न्यूनतम आय' का मतलब ही नहीं समझ पाई है। वह पूछ रही है कि आपका यह वादा दादी के वादे 'गरीबी हटाओ' से किस तरह अलग है। सत्तर सालों तक गरीबी नहीं हटी तो अपने अभाव को आस्था के भाव से ही तो पीछे धकेला। अब यह 'गरीबी हटाओ' सबको न्यूनतम आय वाले नए वादे के साथ ले आया गया है। कम जनसंख्या वाले यूरोपीय देशों में लागू हो सकने वाली इस व्यवस्था का वादा अगर किया जा रहा है तो क्या बुराई है।

अगर आपकी सरकार आई और इस गरीबी हटाओ की बुनियादी राह ही बनाने में कामयाब हो पाई तब तक के लिए भी आस्था के सिवा और क्या सहारा है। आस्था तो उस गर्भगृह में थी जहां से प्राचीन होने का अहसास है। भारत जैसे देश में आस्था के रंग निर्गुणी धारा में भी बह जाते हैं। मक्का में थके-हारे गुरु नानक सो गए। उन्हें इस तरह सोते देख कुछ लोगों ने पूछा कि तू कौन काफिर है जो अल्लाह के घर की तरफ पैर कर सो रहा। नानक ने कहा कि मेरा पैर उस तरफ कर दो जिधर अल्लाह का घर न हो। नानक का पैर घुमाने वाले को पता चला कि जिधर वह पैर करता उधर ही काबा दिखता। गुरु नानक की यही आस्था मन चंगा

तो कठौती में गंगा वाले भाव के साथ बह रही है। कुंभ के बिना भी स्नान है और मंदिर गए बिना भी पूजा है। बाकी जो बचा, वह राजनीति है।

2019 के चुनावी बाजार में मंदिर से लेकर इंदिरा गांधी द्वितीय तक का वार चल दिया गया है। बाकी जन तो देख ही रहा है कि उसके लिए कोई धन आएगा कि नहीं। अब तो 'राम रतन धन पायो' की आस्था भी उदास हो चुकी है।

2 फरवरी 2019

2014 में केंद्रीय सत्ता से उखड़ी कांग्रेस अपनी जमीन वापस पानें में जुटी है। छवि प्रबंधन के तहत राहुल गांधी की भारत जोड़ो यात्रा व कांग्रेस के सांगठनिक चुनाव की कवायद साथ शुरू हुई। राहुल गांधी ने संकेत दिया कि वे अध्यक्ष पद की दावेदारी में नहीं हैं। लेकिन, छवि प्रबंधन को धता बताते हुए राजस्थान में कांग्रेस का असली चेहरा सामने आ गया कि सत्ता के अलावा किसी और चीज की फिक्र नहीं है। कांग्रेस अध्यक्ष चुनने की कवायद राजस्थान सरकार में अगुआई के संकट को लेकर आ गई। विपक्ष के अगुआ का तमगा हासिल करने की कोशिश करने निकली कांग्रेस के सामने वह भाजपा है जिसके साथ राष्ट्रीय स्वयंसेवक संघ का मजबूत सांगठनिक ढांचा है, जहां कार्यकर्ता व सत्ता के ढांचे में कोई दृश्यगत टकराव नहीं है। छवि प्रबंधन थोड़ी देर तक तो आपको जनता की नजरों में ला सकता है, लेकिन बिना सांगठनिक ढांचे के जनतंत्र में नहीं टिका जा सकता। कांग्रेस के आंतरिक ढांचे की दुर्दशा पर बेबाक बोल।

'बहुत बेआबरू होकर'

निकलना खुल्द से आदम का
सुनते आए हैं लेकिन
बहुत बे-आबरू हो कर
तिरे कूचे से हम निकले

—मिर्ज़ा गालिब

इतिहास खुद को दोहराता है। लेकिन, इतिहास के एक समय में बने ऐतिहासिक किरदार इस नियम से आंखें चुराते हैं। वे सोचते हैं कि इस नियम को पलट कर इतिहास बदलेंगे। इस समय सोशल मीडिया पर कांग्रेस विधायक दिव्या मदेरणा का बयान चर्चा में है। दिव्या मदेरणा ने अशोक गहलोत को 1998 का वह समय याद दिलाया है, जब राजस्थान विधानसभा में बहुमत से आई कांग्रेस सरकार का अगुआ बनने के लिए परसराम मदेरणा का नाम सबसे आगे चल रहा था। लेकिन, आलाकमान से आई पर्ची में अशोक गहलोत का नाम लिखा था। अब जब अशोक गहलोत की जगह दूसरे के नाम की पर्ची आने का समय आया तो गहलोत कुर्सी का मोह छोड़ने को तैयार नहीं हुए।

कांग्रेस के सांगठनिक ढांचे के चुनाव का एलान होते ही जिन गहलोत का नाम कांग्रेस के अगले अध्यक्ष के रूप में लिया जाने लगा, उन्होंने उस जिम्मेदारी को शायद हेय मानते हुए मुख्यमंत्री पद की कुर्सी पर चिपके रहने की ठानी। फिलहाल, वे दोनों ही पदों से दूर दिख रहे हैं। एक व्यक्ति एक पद को, मजबूरी का नाम राहुल गांधी साबित करने की कोशिश करने वाले गहलोत एक व्यक्ति कोई पद नहीं को स्वीकारने वाले हालात में पहुंचते दिख रहे हैं।

राजस्थान के मुख्यमंत्री के रूप में अशोक गहलोत का पदार्पण किसी 'जादूगर' की तरह नहीं हुआ था। तब भी कांग्रेस का दिल्ली दरबार ही बाजीगर की तरह

जीती बाजी की डोर अपने हाथ में रखे हुए था। लंबे समय से चल रहे राजनीतिक घटनाक्रम के बीच अशोक गहलोत द्वारा अपनी कुर्सी सुरक्षित बनाए रखने के कारण राजस्थान की राजनीति में उन्हें 'जादूगर' कहा जाने लगा। फिलहाल तो कांग्रेस में एक ही जादू दिखता है, जिसके कारण कुछ लोग अब भी इससे जुड़े हुए हैं। और, वह जादू है सत्ता की मलाई।

राजस्थान का मामला इस बात का प्रत्यक्ष प्रमाण है कि कांग्रेस में सांगठनिक ढांचे जैसी कोई चीज नहीं बची है। पार्टी का पूरा आंतरिक तंत्र दिशाहीन है। नेताओं का भाव से लेकर अभाव तक सत्ता से ही जाकर जुड़ता है। सांगठनिक जिम्मेदारी लेने के लिए कोई तैयार नहीं है। इसके पहले पार्टी छोड़ने वाले गुलाम नबी आजाद और आनंद शर्मा जैसे नेताओं ने भी सांगठनिक जिम्मेदारी को हाथ जोड़ कर नमस्ते कर दिया। गुलाम नबी आजाद को लगा कि कांग्रेस के अंदर रह कर सांगठनिक जिम्मेदारी निभाने से बेहतर है कि अपनी पार्टी बना ली जाए, और वहां मेहनत की जाए। कांग्रेस अध्यक्ष पद की दावेदारी आने के बाद अशोक गहलोत ने यही साबित किया कि उनके लिए यही अहम है कि सत्ता में मैं हूं या नहीं। अगर नहीं तो फिर उस पार्टी के सांगठनिक ढांचे का हिस्सा क्यों बनना जिसका आगे कोई निश्चित भविष्य नहीं दिख रहा है। आप जब तक मुख्यमंत्री हैं, तब तक तो अपने राज्य में सत्ता का सुख भोग सकते हैं, भले देश भर में कांग्रेस का नाश हो रहा हो।

कांग्रेस पर भ्रष्टाचार के अलावा परिवारवादी पार्टी होने का ऐसा दाग लगा जो किसी भी तरह से धुलने को तैयार नहीं था। चुनाव कोई भी हो सवाल कांग्रेस के परिवारवाद पर उठ रहा था। इस आरोप से बेदाग होने की ख्वाहिश में राहुल गांधी ने चुनावी हार की जिम्मेदारी लेते हुए कांग्रेस अध्यक्ष-पद से इस्तीफा दिया और एलान किया कि उनके परिवार का कोई भी सदस्य अध्यक्ष पद के लिए आगे नहीं आएगा।

लोकतांत्रिक देशों की यही खूबसूरती है कि यहां सब कुछ पटकथा की तरह नहीं होता। कहीं से भी कहानी अप्रत्याशित मोड़ ले लेती है। राहुल गांधी अपनी छवि प्रबंधन पर मेहनत कर रहे हैं और उन्हें उम्मीद थी कि कांग्रेस-अध्यक्ष पद का चुनाव उनका चेहरा चमका देगा। यहां भी धारा विपरीत दिशा में मुड़ गई। राजस्थान के कारण उनकी छवि और मुश्किल में पड़ गई है। मध्यप्रदेश गया, पंजाब गया तो उन पर राजस्थान को भी गंवा देने जैसे हालात पैदा करने के आरोप लग रहे हैं।

यह सवाल पहले भी उठ चुके थे कि चुनाव के पहले यह कैसे पुख्ता हो गया कि अशोक गहलोत ही अगले कांग्रेस-अध्यक्ष बनेंगे और यह भी मान लिया गया कि वे हाथ जोड़ कर मुख्यमंत्री का पद छोड़ देंगे। आप लोकतंत्र और नैतिकता को लेकर चुनिंदा नहीं हो सकते हैं कि फलां जगह ऐसा करेंगे तो दूसरी जगह उसके विपरीत। आप दिल्ली से पर्ची में सचिन पायलट का नाम लिख कर नहीं भेज सकते हैं कि बहुत हुआ लोकतंत्र अब वही पुराना लिफाफातंत्र। अशोक गहलोत पर तो आरोप लगने लगे थे कि वे गांधी परिवार के कठपुतली अध्यक्ष होंगे। लेकिन, गहलोत ने पहले ही कठपुतली बनने से इनकार कर दिया तो उसकी वजह भी आपकी गलत रणनीति है।

देश की राजनीति में अभी सबसे बड़ी जंग विपक्ष के अगुआ का तमगा हासिल करने की है। कांग्रेस यह संदेश देती रही है कि उसके बिना किसी संयुक्त मोर्चे की बात हो ही नहीं सकती और तीसरा मोर्चा (गैर भाजपा-गैर कांग्रेसी) तो अब बिलकुल अप्रासंगिक हो गया है। चाहे नीतीश कुमार हों या ममता बनर्जी या फिर अरविंद केजरीवाल, अभी तक ये चेहरे विपक्ष के नाम पर कांग्रेस के बिना अधूरे रहेंगे। इसी अगुआई के सवाल पर अपनी दावेदारी मजबूत करते हुए राहुल गांधी ने 'भारत जोड़ो' यात्रा शुरू की। और, यह सब वह नैतिकता की चादर ओढ़ते हुए करना चाहते हैं कि हम सत्ता के भूखे नहीं हैं, देश बचाने निकले हैं।

'भारत जोड़ो' यात्रा व कांग्रेस अध्यक्ष चुनाव जैसे छवि प्रबंधन के बीच राजस्थान में कांग्रेस का असली चेहरा सामने आ जाता है। कांग्रेस में राजनीति का सीधा-सीधा मतलब है सरकार और उसमें सीधी भागीदारी। राजस्थान में जो हो रहा है, वह किसी अशोक गहलोत और सचिन पायलट की संज्ञा नहीं है, यह चरित्र कांग्रेस का सर्वनाम है। यह सर्वनाम छत्तीसगढ़ में अलग-अलग संज्ञा के साथ बताते रहता है कि हमारा राजनीतिक व्याकरण सत्ता में भागीदारी के साथ शुरू होकर वहीं खत्म हो जाता है। इसे किसी एक व्यक्ति या परिवार की नैतिकता से जोड़ना सही नहीं होगा क्योंकि यह कांग्रेस का आंतरिक चरित्र बन चुका है। 'हम तो डूबेंगे सनम तुमको भी ले डूबेंगे' का मुहावरा कांग्रेसियों ने आधिकारिक रूप से अपने लिए सुरक्षित रखवा लिया है। इस मुहावरे को कांग्रेसी इतनी बार आजमाते दिखते हैं कि इस पर पार्टी की आधिकारिक मुहर-सी दिखती है।

विचारधारा और संगठन के मामले में पूरी तरह से गौण कांग्रेस नैतिकता को लेकर ज्यादा देर मुखर रह ही नहीं सकती है। उसे डुबाने कोई क्या आएगा जो खुद ही डूबने के लिए अभिशप्त है। ऐसी हालत में पार्टी द्वारा प्रजातांत्रिक उदारवादी

का मुखौटा ओढ़ना कितना कामयाब होगा यह आगे देखने की बात होगी। बच्चों-बुजुर्गों, औरतों, हाशिये के वर्ग के लोगों को गले लगाने की राहुल गांधी की तस्वीरें उनकी छवि का कैसा प्रबंधन कर पाती हैं, यह हम अभी नहीं कह सकते। लेकिन, कांग्रेस में आंतरिक चुनाव का अध्याय अभी से जैसी दुर्दशा दिखा गया, आगे की तस्वीर को लेकर क्या उम्मीद जताई जाए।

1 अक्तूबर 2022

लोकतांत्रिक तरीके से गुप्त मतदान हुआ और मापन्ना मल्लिकार्जुन खड़गे कांग्रेस के नए अध्यक्ष निर्वाचित हुए। परिवार केंद्रित और कठपुतली सरकार के आरोपों से उबरने की कांग्रेस कोशिश कर रही है। आज के दौर में कांग्रेस व खड़गे के लिए सबसे बड़ी चुनौती वह जमीन तलाशना है जिस पर जनता की भरोसा वापसी करवाई जाए। हिंदी पट्टी का यह हाल है कि राहुल गांधी को अपनी सांसदी बचाने के लिए केरल जाना पड़ा और भारत जोड़ो पदयात्रा भी वहीं से शुरू की। भाजपा हिंदुत्व की जमीन पर धर्मनिरपेक्षता को जमींदोज कर रही तो केजरीवाल जैसा देश वैसा वेश के साथ 'राम-राम जपना कांग्रेस का वोटर अपना' गुनगुना रहे हैं। खड़गे का चुना जाना कांग्रेस की व्यक्तिवादी राजनीति से निकलने का आला प्रमाण तभी बन सकेगा जब उन्हें सांगठनिक ढांचा खड़ा करने की पूरी आजादी मिलेगी। कांग्रेस को नया आलाकमान मिलने के बाद क्या वह पुरानी वर्जनाओं से मुक्त हो पाएगी, यही सवाल पूछता बेबाक बोल।

आला प्रमाण!

'उधर भी अपने ही थे, सब के सब
इधर भी अपने थे, सारे के सारे
तुम जो जीते तो भला क्या जीते?
हम जो हारे तो भला क्या हारे?

परिवार की जीत पर सबको बधाई देते हुए शशि थरूर ने यह ट्वीट किया। भारतीय राजनीति में सबसे पुरानी पार्टी में हुए सांगठनिक चुनाव के क्या मायने हैं, इसका सबसे पहला जवाब खुद शशि थरूर हैं। शशि थरूर वे नेता हैं जिन्होंने कांग्रेस के संगठनात्मक स्तर और उसकी कार्यशैली पर 22 अन्य नेताओं के साथ आलाकमान को खत लिख कर आवाज उठाई थी। लेकिन, थरूर उन नेताओं की तरह नहीं निकले जो कांग्रेस के ढांचे पर सवाल उठा कर पार्टी छोड़ कर चलते बने।

कांग्रेस पर गांधी परिवार के वर्चस्व के लंबे समय तक लगे आरोपों के बाद जब पार्टी ने आंतरिक सांगठनिक चुनाव का एलान किया तो शशि थरूर ने अध्यक्ष पद के लिए अपना पर्चा भरा और पूरे जोर-शोर से चुनाव की तैयारी की। 'कल की सोचो, थरूर को सोचो' का नारा लगा कर पूरी जीवंतता के साथ चुनाव प्रचार किया। खड़गे के चुनाव जीतने के बाद थरूर ने जो प्रतिक्रिया दी, वही इस आयोजन का संदेश है। थरूर ने कहा—इस चुनाव से साबित हुआ कि कांग्रेस कार्यकर्ता ही पार्टी का असली गुरु है। इस चुनाव के जरिए उन्हें मौका मिला है पार्टी का भविष्य चुनने का। मैं चाहता हूं कि पार्टी उनकी आवाज सुने। मैं चाहता हूं कि पार्टी मजबूत बने।'

पार्टी पर सवाल उठाने, चुनाव लड़ने और हारने के बाद तक की थरूर की प्रतिक्रियाओं का सकारात्मक असर कांग्रेस पर कितना होगा, यह तो देखने की बात है। लेकिन, जो लोग कह रहे थे कि अंतत: राहुल गांधी ही पार्टी के अध्यक्ष बनेंगे

उन अनुमानों के विपरीत राहुल गांधी ने कहा कि पार्टी में मेरी आगे की भूमिका खड़गे तय करेंगे। यह चुनाव वैसा ही हुआ, जैसे सभी जगह के आम चुनाव होते हैं। ऐसा कौन सा चुनाव नहीं होता जिसमें जीतने वाले पर गड़बड़ी करने के आरोप नहीं लगते। फिलहाल यही है कि कांग्रेस में गुप्त मतदान के जरिए पूरे लोकतांत्रिक तरीके से चुनाव हुआ और तकनीकी रूप से गांधी परिवार के पास इसकी अध्यक्षता नहीं है।

यह दूसरी बात है कि राजनीतिक शक्ति के संदर्भ में अभी कांग्रेस के बुरे दिन चल रहे हैं। उसका कोई सकारात्मक कदम भी पार्टी को बेहतर स्थिति नहीं दिला पाता है। पार्टी ने ऐसा ही प्रयोग पंजाब में भी किया था। वहां दलित मुख्यमंत्री के रूप में चरणजीत सिंह चन्नी को लाया गया। आदर्श रूप से इस फैसले के लिए राहुल गांधी की तारीफ हुई। लेकिन, कांग्रेस पंजाब की जमीन पर तो नाकाम रही ही, वहीं इस फैसले के एवज में वह हाशिए के तबके के बीच अपनी विश्वसनीयता स्थापित नहीं कर पाई। फिलहाल चन्नी पूरे राजनीतिक परिदृश्य से ही बाहर हैं। यह कोई जरूरी नहीं कि आपके पास मुख्यमंत्री का पद हो तभी तक आपकी राजनीतिक दृश्यता बनी रहे। जब पार्टी ने एक दलित चेहरे को मुख्यमंत्री बनाया था तो पद पर न रहने के बाद भी उन्हें इस दिशा में सक्रिय दिखना चाहिए था। यही बात खड़गे के साथ भी है। बाबू जगजीवन राम के बाद खड़गे कांग्रेस अध्यक्ष के रूप में दूसरा दलित चेहरा हैं। लेकिन खड़गे को चन्नी की तरह सिर्फ दिखना ही नहीं जमीन पर करना भी होगा। उन्हें साबित करना होगा कि वे प्रतीकात्मक चेहरा नहीं हैं। उन्हें जमीनी स्तर पर कमजोर तबकों को अपने साथ जोड़ना होगा। मतदाताओं को अहसास करवाना होगा कि हम आपके लिए खड़े हैं।

जिस कांग्रेस पार्टी पर देश का बड़ा मतदाता वर्ग भरोसा करता था, वह अब नहीं करता है। यहां सबसे बड़ी प्राथमिकता उस टूटे और बिखरे भरोसे को वापस लाने की है। ऐसा न हो कि गांधी परिवार पर विरोधी आरोप लगा रहे थे तो छवि प्रबंधन के तहत चुनावी कवायद कर अध्यक्ष बदल दिया गया। कांग्रेस के पूर्व प्रधानमंत्री पर भी कठपुतली होने का आरोप चस्पाँ कर दिया गया था तो जाहिर-सी बात है कि अब 'कठपुतली' की पर्ची लेकर आलोचक खड़गे की पीठ के पीछे घूमते रहेंगे। अध्यक्ष के रूप में खड़गे अपने चेहरे को आजाद कैसे रखेंगे, इसकी राह तो उन्हें ही खोजनी होगी। फिलहाल तो ऊपरी तौर पर तस्वीरें ठीक दिख रही हैं।

अभी तक तो यही होता आ रहा था कि गांधी परिवार की आलोचना करने वाला कांग्रेस पार्टी में अलग-थलग कर दिया जाता था। अगर कोई अशोक गहलोत

या सचिन पायलट बगावत पर भी उतर जाते थे तो उन्हें भी समझा दिया जाता था। हाल के दिनों में नया यह रहा कि राजस्थान में अशोक गहलोत के मामले से कांग्रेस सकारात्मक संदेश ही देती दिखी। कांग्रेस को जो चीज सबसे ज्यादा नुकसान पहुंचा रही, वह है पार्टी के अंदर की अनुशासनहीनता और नेताओं की अवसरवादिता। एक राज्य का प्रधान बदला जाता है तो पुराना प्रधान दूसरे दल में चला जाता है। कांग्रेस को छोड़ा तो ममता बनर्जी और शरद पवार जैसे कद्दावर नेताओं ने भी। लेकिन उनका छोड़ना पूरी वैचारिक जमीन पर था। फिलहाल किसी की शक्ति में पांच सौ ग्राम तक का भी नुकसान हुआ तो वह पार्टी की एक कुंतल आलोचना कर अलविदा कह जाता है। दलगत अनुशासन के मामले में भारतीय जनता पार्टी अभी सभी राजनीतिक दलों के लिए आदर्श हो सकती है। कांग्रेस को भारतीय जनता पार्टी को चुनौती देनी है तो उसे सबसे पहले भाजपा से सांगठनिक ढांचे को दुरुस्त करने की सीख लेनी होगी।

खड़गे और कांग्रेस के सामने अस्तित्व वापस पाने की चुनौती है। हिंदी पट्टी से राजस्थान व छत्तीसगढ़ को छोड़ कर सफाया हो चुका है। कांग्रेस का सांगठनिक ढांचा अभी सिर्फ दक्षिण भारत में बचा हुआ है। यही कारण है कि राहुल गांधी को अपनी सांसदी बचाने के लिए केरल से लोकसभा का चुनाव लड़ना पड़ा था। 'भारत जोड़ो पदयात्रा' की शुरुआत केरल से हुई और वहीं पर राहुल गांधी ने यात्रा को सबसे ज्यादा वक्त दिया तो इसलिए कि दक्षिण की जमीन पर ही उनके साथ कार्यकर्ता अनुशासित रूप से लंबे समय तक टिक सकते थे। हिंदी पट्टी में कांग्रेस का सांगठनिक ढांचा खड़ा करना खड़गे की कितनी बड़ी चुनौती होगी, इसका अनुमान इसी से लगाया जा सकता है कि पदयात्रा के अभी तक के प्रस्तावित कार्यक्रम में राहुल गांधी उत्तर प्रदेश में पांच दिन का समय बिताएंगे।

स्वाधीनता आंदोलन की विरासत और धर्मनिरपेक्षता की जमीन पर कांग्रेस लंबे समय तक देश की सत्ता में कायम रही। नवउदारवादी राजनीति की शुरुआत के साथ ही स्वाधीनता आंदोलन का योद्धा रूप और जनकल्याणकारी नीति दोनों को छोड़ना पड़ा। नवउदारवादी नीति में जनकल्याणकारी संरचना के टूटते ही कांग्रेस बुरी तरह बदनाम हो गई। हालांकि, भाजपा भी अभी इसी मुद्दे पर घिर जाती है। लेकिन, भाजपा ने नवउदारवादी नीति के विकल्प में हिंदुत्व की जमीन तैयार कर धर्मनिरपेक्षता को उसमें जमींदोज कर दिया। वहीं आम आदमी पार्टी जैसा देश वैसा वेश अपनाते हुए 'राम-राम जपना कांग्रेस का वोटर अपना' गाते हुए गुजरात में

प्रवेश कर चुकी है। गुजरात जैसे राज्य में जहां पिछले विधानसभा चुनाव में कांग्रेस ने बेहतर प्रदर्शन किया था, फिलहाल उसके लिए गुंजाइश भी कम दिख रही है क्योंकि वहां खड़े होने के लिए उसके पास कोई जमीन ही नहीं है।

जनता को अपने साथ लाने की जमीन क्या होगी, आज के दौर में खड़गे और कांग्रेस के लिए सबसे मुश्किल सवाल है। परिवार केंद्रित और कठपुतली राजनीति की छवि को तोड़ने की कोशिश तो दिख गई। लेकिन, सबसे बड़ी चुनौती अभी बाकी है कि वह आधार क्या होगा जिस पर कांग्रेस संगठन के जरिए फिर से सत्ता में लौट सके। 2024 के संदर्भ में देखें तो खड़गे और राहुल दोनों के पास समय कम है।

22 अक्तूबर 2022

आज दुनिया इतनी सिकुड़ चुकी है कि, यह फर्क नहीं पड़ता कि आप देश में बोल रहे हैं या विदेश में। फर्क सिर्फ इसी बात का पड़ता है कि लोकतंत्र के राग को लेकर आपका आलाप या विलाप कितना ऊंचा है। सिकुड़ती दुनिया में देश की अंदरूनी तकरारों का असर बाहर पड़ना भी स्वाभाविक है। अभी उन कथित पीड़ित बयानों की सूची जारी हो चुकी है जब पक्ष ने विपक्ष में रहते हुए विदेश की धरती पर दिए थे। लोकतंत्र सूरज और चांद सरीखा है। ये चमकते तारे हैं तो एक, लेकिन दुनिया के अलग-अलग देशों में अपने तरीके से उगते हैं और सबको लगता है हमारा वाला अलग है। कैंब्रिज विश्वविद्यालय में राहुल गांधी के भारतीय लोकतंत्र पर दिए बयान ने देश के उच्च तापीय राजनीतिक माहौल को और ज्वलंत कर दिया है। बजट सत्र के दूसरे चरण का पहला हफ्ता राहुल गांधी से माफी मंगवाने पर जिस तरह से हंगामे की भेंट चढ़ गया उसे देख कर राहुल गांधी पर यही कहने के लिए बेबाक बोल कि तुम बोलोगे तो बोलेंगे कि बोलता है...।

तुम बोलोगे तो...

सूरज में लगे धब्बा
फितरत के करिश्मे हैं
बुत हम को कहें काफिर,
अल्लाह की मर्जी है
हंगामा है क्यों बरपा...

—अकबर इलाहाबादी

राहुल गांधी ने लंदन के एक विश्वविद्यालय में बयान दिया। वहां वे ऐसा भाषण न देते तो अच्छा रहता। लेकिन, विदेश में दिए उनके बयान पर देश में जो हंगामा बरपा है, उसे देख कर सवाल तो उठ ही रहा है कि राहुल गांधी का ऐसा करना 'न भूतो न भविष्यति' जैसा अभूतपूर्व है क्या? क्या ऐसा पहली बार हुआ है? और, आज की वैश्विक दुनिया में क्या इस बात से फर्क पड़ता है कि आपने देश में बोला कि विदेश में बोला? राहुल गांधी केरल के वायनाड में जो बोलते हैं, वह भी चंद मिनटों में पूरी दुनिया में फैल जाता है, तो फिर इस बात से आपत्ति क्योंकि इस बार जो कहा गया उसकी जगह लंदन थी।

राहुल गांधी के भाषण पर हंगामा बरपते ही इंटरनेट की इस दुनिया में पलटवार जारी है कि इसके पहले कौन-कौन, कहां-कहां बोल चुका है। इनमें अरुंधति राय, मणिशंकर अय्यर तो आते ही हैं, साथ ही इनके बगलगीर होते हैं लालकृष्ण आडवाणी जो अपने कद्दावर समय में जिन्ना के मजार पर पहुंचे थे। दुर्भाग्यपूर्ण तरीके से राजनीति में ऐसा समय आ गया है जहां पक्ष और विपक्ष के बीच तार्किकता के लिए कोई जगह नहीं बची है। एक को दूसरे के प्रति बस येन-केन-प्रकारेण हमलावर होना है।

लंबे समय से संसद में हंगामे के लिए विपक्ष पर वार होता रहा है। सदन-स्थगन के तुरंत बाद आंकड़ों का सैलाब आता है कि संसद की एक दिन की कार्रवाई

में कितना खर्च होता है और जनता के पैसे का कितना नुकसान होता है। 'विपक्ष मरे तो क्या करें' की सूरत में इस गुनाह को कबूल करता है। साथ ही, बस यही अपराध मैं हर बार करता हूं, विपक्ष होकर सत्ता से सवाल करता हूं कि माफीनामे के साथ जनता का पैसा हंगामे में बहा ही देता है। इस बार राहुल से माफी मंगवाने की जिद में बजट सत्र के दूसरे चरण का पहला हफ्ता पूरी तरह हंगामे की भेंट चढ़ गया।

2014 के चुनावी परिणाम को कांग्रेस के अहंकार का राजनीतिक न्याय माना गया। भारत जैसे लोकतंत्र में मतदान का एक खास रुझान होता है। जनता का परिवर्तनकारी वोट 'अ' को जिताने के लिए नहीं बल्कि 'ब' को हराने के लिए होता है। हालांकि जनता जिताने के लिए भी जुटती है, जैसे इंदिरा गांधी और राजीव गांधी के लिए जुटी थी। लेकिन आम तौर पर उसका परिवतर्नकारी तूफान उसे हराने के लिए होता है जो खुद को जीत का पर्याय मान लेता है। विकल्प की सूरत न तो किसी कागज पर खींच कर रखी होती है और न ही उसकी कहीं मूर्ति बनी होती है। जनता के विध्वंस का मन ही नव राजनीतिक सृजन होता है।

जिस सत्ता का जन्म राजनीतिक न्याय के खिताब से हो, तो उसके कंधों पर नैतिकता का बोझ भी आता है। लेकिन लगता है कि सत्ता ने न्याय का हथौड़ा अपने हाथ में रख राजनीतिक नैतिकता उन कथित कमजोर राहुल गांधी के लिए छोड़ दी है जो भारतीय राजनीति में अपना अस्तित्व बचाने की लड़ाई लड़ रहे हैं।

आज के युग में आपके हर शब्द वैश्विक होते हैं। ऐसा नहीं है कि आप जब विदेश की धरती पर बोलेंगे तभी आपसे जवाब-तलब होगा कि आप हमारे लोकतंत्र की छवि क्यों खराब कर रहे हैं। सत्ता पक्ष के नेताओं ने तो देश में रह कर ही दिल्ली सीमा पर आंदोलनकारी किसानों को आतंकवादी कह दिया था। उनके देश में दिए बयान पर दुनिया सवाल करने लगी कि लोकतंत्र का क्या हाल बना रखा है, कुछ करते क्यों नहीं? लोकतंत्र का लब्बोलुआब यही है कि उसकी सुधार की बात करने वालों के साथ बिगाड़ की भाषा न शुरू कर दी जाए। लोकतंत्र का रंग उतना ही नाजुक होता है जितना सफेद कि कभी भी अलोकतंत्र के आरोप का दाग लग सकता है। इसकी कुछ बुनियादी परिभाषाओं का रंग उतना ही कठोर होता है जैसा कि काला जिसके ऊपर आपकी बनाई किसी सुविधाजनक तुरंत परिभाषा का रंग कतई नहीं चढ़ेगा।

राहुल गांधी 'भारत जोड़ो यात्रा' के साथ सत्ता पर हमलावर हो चुके थे। उसके बाद संसद के सत्र में भी उन्होंने अपना कड़ा रुख जारी रखा। राहुल के आरोप और

सरकार के जवाब को लोकतंत्र की दैनंदिनी की तरह ही देखा गया। वह विपक्ष ही क्या जो सरकार पर आरोप न लगाए, और वह पक्ष ही क्या जो आरोपों की स्वीकारोक्ति कर ले। लेकिन इस अगर-मगर के साथ चलना तो लोकतंत्र की डगर पर ही है। लोकतंत्र को लेकर दोनों की जिम्मेदारी बराबर है।

अगर, भाजपा ने राहुल गांधी के बयान पर संसद में इतना हंगामा नहीं किया होता तो देश की आम जनता को शायद ही इसके बारे में पता चलता। शायद वह भाषण कैंब्रिज विश्वविद्यालय के बाद कांग्रेस समर्थकों के बीच घूम कर अपनी ऊर्जा खत्म कर चुका होता। लेकिन सत्ता पक्ष के उग्र रवैये ने राहुल गांधी को भारत में बोलने के लिए और अवसर दे दिया। अब वे उसी बात पर देश में अपना पक्ष रख रहे हैं, तो जाहिर है कि अब उनके तर्क देशद्रोह और संसदीय गरिमा के हनन की श्रेणी में नहीं आएंगे।

सबसे अहम बात यह है कि राहुल ने बोला किनके बीच में? वे विदेश की किसी चुनावी सभा में किसी खास दल के समर्थन में नहीं बोल रहे थे। अकादमिक बहसें किसी एक देश के राष्ट्रवाद और अन्य परिभाषाओं से परे होती हैं। वहां चुनावी मतदाता नहीं अकादमिक बैठे होते हैं जो भाषण पर तालियां बजाने नहीं बल्कि सवाल उठाने में रुचि रखते हैं।

लोकतंत्र एक आधुनिक और अपार विस्तार के भाव वाला शब्द है। जब सत्ता पक्ष के नेता विदेश में होते हैं तब उन्हें देश की जमीन की तुलना में बहुत ज्यादा नम्र होना पड़ता है, अपनी उदार छवि गढ़नी होती है। विदेश के किसी विश्वविद्यालय में हुई आलोचना पर अगर आप संसद नहीं चलने देंगे तो आप पर सवाल उठेंगे। राहुल गांधी विपक्ष के नेता हैं इसलिए वहां पर उनकी तल्खी को जायज माना जा सकता है, लेकिन आपकी तल्खी कहीं कैंब्रिज में एक और सेमिनार न करवा दे क्योंकि अभिव्यक्ति पर सख्ती होते ही लोकतंत्र की सेहत की पूरी जांच-परख शुरू हो जाती है।

2019 में दूसरी बार सत्ता पाने के बाद मोदी सरकार ने अपनी विदेश नीति पर ध्यान दिया और उदार चेहरे का वैश्विक विस्तार किया। खास कर दुनिया में गिरते बाजार, घटते रोजगार और आपदाओं के दौर में भाजपा सरकार-द्वितीय ने लोकतांत्रिक देशों की प्रथम पंक्ति में अपनी जगह बनाई। रूस-यूक्रेन युद्ध के बाद दुनिया का जो भारत के प्रति नजरिया बदला है वह एक बड़ी उपलब्धि है। भारत जिस तरह युद्ध के खिलाफ डटा रहा, उसका हासिल है जी-20 के भागीदार विदेशी नेताओं के द्वारा भारत में आकर भारतीय विदेश-नीति की तारीफ करना। वैश्विक

पटल पर इस बड़े लक्ष्य के हासिल होने के बाद राहुल गांधी की आलोचना के खिलाफ माफी मंगवाने की जिद न ही उठती तो अच्छा होता।

और, रही बात राहुल गांधी की तो 2024 की परीक्षा के लिए उनके पास समय बहुत कम है। अभी तो देश के अंदर का ही पाठ्यक्रम इतना बड़ा है कि परीक्षा की तारीख आते-आते पता नहीं वे उत्तीर्णांक लाने लायक उसे पूरा कर पाएंगे या नहीं? लेकिन भारत के लोकतंत्र के विपक्षी नेता के तौर पर उनकी भी पूरी जिम्मेदारी बनती है। राहुल गांधी उन यूरोपीय और अमेरिकी देशों के सामने क्यों गिड़गड़ा रहे हैं कि लोकतंत्र बचाओ विदेशी भाई, भारत दुर्दशा न देखी जाई...। फिलहाल तो इस मुश्किल दौर में लोकतंत्र को लेकर उनका ही प्रदर्शन बहुत खराब है। अभी कोरोना से लेकर रूस-यूक्रेन युद्ध में कथित विकसित देशों का अविकसित लोकतांत्रिक और तानाशाही भरा रवैया सामने आया ही था।

आजादी के बाद के अभी तक के महज 75 साल के समय को देखें तो भारत लोकतंत्र के रूप में जवान हो चुका है। यहां की जनता ने लोकतंत्र का साथ जिस धैर्य से साथ दिया है, नेताओं को उसकी कद्र करनी होगी। राहुल आज जिस जनता के कारण विपक्ष में हैं, पक्ष की वापसी के लिए भी उसी जनता के पास जाना होगा। 'भारत जोड़ो यात्रा' ने आपको जो मोहब्बत दी है अभी उसी नक्शे-कदम पर चलिए। अकादमिकों की बहस अकादमिकों के लिए छोड़ दीजिए, आप बस व्यावहारिक ज्ञान पर ध्यान दीजिए जो 'भारत जोड़ो यात्रा' का हासिल है। भारत का लोकतंत्र यानी जनता कांग्रेस को भी समझती है और भाजपा को भी। दोनों को लेकर जनता की जो नजर है उससे आप नजरिया फेर कर कहां जाएंगे? लोकतंत्र की सत्ता में खुद को खुदा समझने की भ्रांतियों के खिलाफ जनता की क्रांतियों का इतिहास पढ़ें, दोनों पक्षों को मदद मिलेगी।

19 मार्च 2023

2014 के आम चुनावों से पहले कांग्रेस भ्रष्टाचार के आरोपों को लेकर तीखे सवालों के घेरे में थी ही, उसके बाद उससे ज्यादा सवाल उसके अध्यक्ष पद पर हुए। औपनिवेशिक काल से ही कांग्रेस के अध्यक्ष पद का एक राजनीतिक रुतबा रहा है, जिसकी विरासत ने जनसंचार माध्यमों से लेकर कांग्रेस के विपक्षी दलों को सवालतलब किया कि यह पद सिर्फ नेहरु-गांधी परिवार को ही क्यों? इन सवालों की सार्थकता और अध्यक्ष पद की निरर्थकता को समझते हुए राहुल गांधी ने जल्द ही अपने कंधे से अध्यक्ष पद का तमगा उतार फेंका। लेकिन, उसी समय यह सवाल राजद, सपा या अन्य किसी दल से नहीं हो रहे थे क्योंकि अध्यक्ष पद के कथित जन्नत की हक़ीकत सबको मालूम है। दुनिया का सबसे बड़ा सांगठनिक ढांचा होने का दावा करने वाली भाजपा ने भी जेपी नड्डा को सेवा विस्तार दे दिया जो बंगाल से लेकर हिमाचल तक की हार के बाद सवालों के घेरे में हैं। पार्टी अध्यक्षों के रबर की मुहर बनती प्रवृत्ति पर बेबाक बोल।

हार की जीत

'मसनद-ए-गम पे जच रहा हूं मैं
अपना सीना खुरच रहा हूं मैं...
हाल ये है कि अपनी हालत पर
गौर करने से बच रहा हूं मैं'

—जौन एलिया

'हार की जीत...' इस शीर्षक के जरिए हम सुदर्शन की उस कहानी का विश्लेषण नहीं करेंगे जिसमें बाबा भारती खड्ग सिंह जैसे डाकू का हृदय परिवर्तन कर देते हैं। यानी यह हारने वाले की नैतिक जीत पर नहीं हारने वाले की राजनैतिक पद की जीत पर है। और, आज नैतिक और राजनैतिक शब्द 36 के आंकड़े की तरह एक-दूसरे की तरफ पीठ किए खड़े हैं। सुदर्शन की कहानी के इस कालजयी शीर्षक के जरिये राजनीतिक दलों के शीर्ष पर बैठे उन लोगों से सवाल है जिनका ताज उनकी हार के बाद बरकरार है। जिनकी उपयोगिता लोकप्रिय नेताओं के फैसलों पर मुहर लगाने भर है। पदनाम राष्ट्रीय अध्यक्ष का है, लेकिन प्रधानी के नाम पर ऊपर से आई हर बात माननी है।

हाल में विदेश मंत्री एस. जयशंकर ने महाभारत का जिक्र करते हुए कृष्ण और हनुमान को दुनिया का सबसे बड़ा राजनयिक करार दिया। दस साल के दौरान बदले राजनीतिक परिदृश्य में महाभारत जैसे ग्रंथ का पुनर्जागरण हुआ है। कहा जाता है कि आधुनिक राजनीति का कोई भी ऐसा प्रतीक नहीं है, जिसकी साम्यता इस महाग्रंथ के किरदारों से नहीं कराई जा सकती, चाहे वह नायक हो या खलनायक। राजनीति में आप जीत के लिए जाने जाएंगे या फिर हार के लिए। आपको जीत का ताज मिलेगा या हार के लिए जिम्मेदार ठहाराया जाएगा। लेकिन, जिनके साथ ये दोनों व्यवहार न हो उसका नाम पार्टी अध्यक्ष हो गया है। जयशंकर चाह कर भी भाजपा सहित किसी भी पार्टी के अध्यक्ष के किरदार की साम्यता महाभारत के किसी किरदार से नहीं

करवा सकते, क्योंकि महाभारत में वही है जो उपयोगी है, युद्ध में जिसकी जरूरत है। कुरुक्षेत्र के मैदान में स्त्री से लेकर उभयलिंगी किरदार तक के पास युद्ध का रुख मोड़ देने की क्षमता है। लेकिन, आज राजनीतिक दलों के प्रधान के पास कुरुक्षेत्र में शंखनाद का भी अधिकार नहीं है। वे सिर्फ इसलिए हैं क्योंकि राजनीतिक दलों के संविधान में अभी तक उनकी जरूरत है।

हम शुरुआत सत्ताधारी पार्टी से करते हैं। जगतप्रकाश नड्डा भारतीय जनता पार्टी के प्रधान हैं। नड्डा मूलरूप से उत्तर भारत के ऐसे छोटे राज्य से आते हैं, जिसमें लोकसभा की चार और विधानसभा की 68 सीटें हैं। इनमें से लगभग 14 इलाके ऐसे हैं जिन्हें नड्डा की ताकत व प्रभाव वाला कहा जाता है। इनके साथ वे युवा नेता भी थे, जिन्होंने 2020 में देश के गद्दारों को...गोली मारो...का विमर्श गढ़ा था। लेकिन, भाजपा नड्डा के इलाके में तो चुनाव हारी ही, साथ ही केंद्रीय मंत्री अनुराग ठाकुर के हमीरपुर में सभी पांच सीटें हार गई है। हम यहां पर पश्चिम बंगाल चुनाव की चर्चा नहीं करेंगे जहां पार्टी अध्यक्ष ने सिर्फ ध्रुवीकरण के भरोसे 'खेला' बदल देने का सपना पाला था, न ही चुनाव-दर-चुनाव उत्तर भारत के राजनीतिक नक्शे पर भगवा राज्य की कम होती या कमजोर होती संख्या गिनेंगे। यह विश्लेषण पिछले स्तंभों में हो चुका है। और, न ही दूर दक्खिन की बात करेंगे जहां एमके स्टालिन हिंदुत्ववादी छाते के बाहर द्रविड़ विमर्श को तेज धूप दिखा रहे हैं।

हिमाचल प्रदेश की हार सिर्फ एक छोटे से राज्य की हार नहीं है। यह विपक्ष के उस विमर्श की जीत है जिसके बाद भाजपा को आगे के लिए अपनी ऊर्जा पुरानी पेंशन योजना के मुद्दे से जूझने में निपटेगी। इसके पहले, जब भाजपा के नेता किसान आंदोलनकारियों को आतंकवादी कह रहे थे तो प्रधान जी ने जरा भी सावधान नहीं किया कि इस मुद्दे पर पैर पीछे करने पड़ सकते हैं। पार्टी प्रधान का काम चुनाव मैदान में जाने के पहले का माहौल बनाना और विमर्श तैयार करना होता है। खासकर पार्टी की अनुषंगी शाखाओं का कार्यभार उन्हीं के कंधों पर होता है। भाजपा की छवि किसान विरोधी पार्टी की हो गई और अंततः केंद्र सरकार को कृषि कानून वापस लेने पड़े। जाहिर सी बात है कि यह आर्थिक सुधारों के राजमार्ग पर चलने वाली सरकार के लिए बड़ा गति-अवरोधक बना। अब अगर 2024 के मैदान में पुरानी पेंशन योजना का ध्रुवीकरण हो गया और भाजपा को भी इसके सामने झुकना पड़ा, जैसा कि महाराष्ट्र में संकेत दे भी चुकी है तो इसका जिम्मेदार कौन होगा? माना जा रहा था कि मंदिर और कश्मीर पर राजनीतिक सुधार के बाद भाजपा

अपनी दूसरी पारी में तेज आर्थिक सुधारों की बात करेगी। लेकिन, प्रधान के साथ पूरा सांगठनिक ढांचा फिलहाल इसके लिए तैयार नहीं दिख रहा है।

विधानसभा चुनाव के पहले भाजपा ने गुजरात में सारे प्रमुख चेहरे बदल दिए। उसके पहले दिल्ली में सारे अहम चेहरे बदल दिए गए थे। पूरे देश में उन चेहरों को बदल दिया जाता रहा है जिनका प्रगति-प्रमाणपत्र संतोषजनक नहीं है तो क्या कारण है कि जेपी नड्डा को लेकर इतनी सदाशयता दिखाई जा रही है कि 2024 तक उनकी सेवा को विस्तार दे दिया गया?

तो क्या खूबी देखी जाए पार्टी प्रधान के अंदर? यही कि इनमें कोई खूबी नहीं है। भाजपा जैसी पार्टी जो दुनिया के सबसे बड़ा संगठनात्मक ढांचा होने का दावा करती है, उसके अध्यक्ष भी इसी बढ़ती प्रवृत्ति का अग्रदूत बन गए हैं कि अब चुनावी जीत में किसी भी पार्टी के राष्ट्रीय अध्यक्ष की कोई भूमिका नहीं रह गई है। राजनीतिक दलों को संवैधानिक मजबूरी के तहत अपनी कुर्सी के लिए एक राष्ट्रीय अध्यक्ष का चेहरा भर चाहिए। ऐसा चेहरा जिसमें अपनी कोई चमक नहीं हो और इतना लचीला कि अपना वजूद दिखाने की कोई ललक न हो। आपात्काल विरोधी छात्र आंदोलनों से निकले नेताओं के दलों में भी पार्टी प्रधान पांच साला या अपने पार्टी संविधान के कैलेंडर के हिसाब से रस्मी बन चुके हैं। बिहार में ही जद (एकी) से लेकर राजद तक का हाल देखें। कहीं भी पार्टी अध्यक्ष और पार्टी संसदीय बोर्ड का कोई महत्त्व नहीं रह गया है। नीतीश कुमार से अपनी हकदारी मांग रहे उपेंद्र कुमार कुशवाहा कह रहे हैं कि संसदीय बोर्ड के प्रमुख का पद एक झुनझुना है।

जगत-प्रकाश नड्डा से लेकर मल्लिकार्जुन खड़गे तक का चेहरा बताता है कि पार्टी अध्यक्ष का पद अब बस प्रायोजित तमाशा भर है। जब पूरा जनसंचार माध्यम कांग्रेस से सवाल कर रहा था कि पार्टी को पूर्णकालिक गैर-गांधी परिवार अध्यक्ष कब मिलेगा तो राहुल गांधी ने अदृश्य अध्यक्ष का चोला उतारने में जरा भी देरी नहीं की। लेकिन, उसी दौरान राष्ट्रीय जनता दल लगातार बारहवीं बार लालू यादव को निर्विरोध रूप से अपना राष्ट्रीय अध्यक्ष घोषित कर रहा था। समाजवादी पार्टी के अध्यक्ष अखिलेश यादव ही क्यों हैं, इस पर हल्ला बोल नहीं होता।

कांग्रेस को गांधी परिवार के बाहर का और पूर्णकालिक अध्यक्ष मिलने के बाद से लग रहा कि अब इस पद पर सारे सवाल बंद हो जाएंगे। भाजपा की कार्यशैली के विपरीत नड्डा को कार्यकाल का विस्तार मिला। इसके बाद न तो पार्टी के अंदर और न बाहर से ही पार्टी के अंदरूनी लोकतंत्र को लेकर सवाल उठे। कांग्रेस अध्यक्ष पद के गांधी परिवार से मुक्त होते ही राजनीति पार्टी अध्यक्ष पद की महत्ता से जुड़े

सवालों से भी मुक्त हो गई है। अब घोषित तौर पर मल्लिकार्जुन कांग्रेस के अध्यक्ष हैं। इसी दौरान राहुल गांधी 'भारत जोड़ो यात्रा' पूरी कर जननेता का खिताब पा चुके हैं। आज कांग्रेस से लेकर हल्ला बोल टीवी चैनलों पर कोई यह याद नहीं रखता कि वैधानिक रूप से अध्यक्ष कौन है क्योंकि जमीन पर चारों तरफ राहुल-ही-राहुल हैं। खड़गे के अध्यक्ष बनने और यात्रा पूरी होने के बाद अब कांग्रेस के अंदर गांधी परिवार की पकड़ ज्यादा है, यह दावा करते हुए कि राहुल ने वंशवादी गांधी को मार दिया है। कांग्रेस में अध्यक्ष पद की अर्थहीनता का अहसास राहुल कर चुके थे तो अब भाजपा ने भी बता दिया है कि हारे को पदनाम यानी इस पद की अब चलाचली की बेला है।

11 फरवरी 2023

आए हैं 'मीर' काफिर हो कर खुदा के घर में
पेशानी पर है कश्का जुन्नार है कमर में
-मीर तकी मीर

बिहार से निकली जाति गणना की गर्जना ने चुनावी फिजा बदल दी है। इसके नतीजे चौंकाने वाले तो हैं ही, साथ ही राजनीतिक दलों के बदले सुर चौकन्ना कर रहे हैं। जहां विपक्ष अब ओबीसी के अलावा कोई और अक्षर बोलने को तैयार नहीं है, वहीं सत्ता पक्ष वर्गीय राजनीति की भाषा बोल रहा है। इसे मंडल बनाम कमंडल की वापसी का खिताब इसलिए नहीं दिया जा सकता कि कमंडल की राजनीति करने वाले फिलहाल अमीर-गरीब की खाई की दुहाई दे रहे हैं। अभी 2024 का चुनावी अक्ष जिस तरह से जाति गणना के ध्रुव पर टिक गया है उसे देख कर लगता है कि दावेदारी इस बात की न हो जाए कि बेहतर गिनती कौन कराएगा। गणना के बाद बदले गणित पर बेबाक बोल।

किं आश्चर्यं?

'कबीरदास की उलटी वानी
बरसे कंबल भींजे पानी'

आप में से कितने दलित हैं? आप में से कितने आदिवासी हैं? आप में से कितने ओबीसी हैं?

एक पत्रकार सम्मेलन में राहुल गांधी पत्रकारों से यह सवाल करते हैं। परिसर में थोड़ी देर के लिए सन्नाटा छा जाता है। पत्रकारों के लिए यह असहज करने वाली स्थिति थी। अभी तो पत्रकार राहुल जी की चिरप्रतिद्वंद्वी से अमेठी में त्रस्त थे। पत्रकारों के सवाल पर गुस्सा कर पूछ बैठती हैं—कौन हो, कहां से हो, तुम्हारा मालिक कौन है, इस तरह के सवाल पूछ कर मेरे संसदीय क्षेत्र को बदनाम क्यों कर रहे हो? अब यह नया सवाल कि किस जाति के हो? बिहार से विपक्ष के लिए आई बहार के बाद राहुल गांधी ने पत्रकारों से यह सवाल पूछा तो किं आश्चर्यं? इस सवाल के बाद सवाल पूछने वाले पत्रकारों के बीच सन्नाटा छा गया तो किं आश्चर्यं?

यह कांग्रेस और राहुल गांधी की नई चेतना है। जाहिर-सी बात है कि इस नई चेतना के सामने आप बीसवीं सदी के अंत वाली चेतना के साथ प्रतिक्रिया नहीं दे सकते। अब यह बीसवीं सदी के अंत का वह दौर नहीं जब अपने नाम से कुलनाम हटाना प्रगतिशीलता की निशानी माना जाता था। जाति पूछने पर, जातिसूचक शब्द बोलने पर जातिगत नाम देकर बुलाने को अपराध की श्रेणी में रखा जाता था। अब पत्रकार सम्मेलन में जाति पूछना अपराध नहीं रहा तो किं आश्चर्यं?

बिहार में जाति जनगणना संपन्न हुई। ऐसी खबरें आई थीं कि जाति जनगणना करने वालों को प्रशासनिक अमले का निर्देश था कि ऐसे बहुत से लोग मिलेंगे जो इसका विरोध करेंगे। अपनी जाति नहीं बताएंगे। तो उनके परिजनों, रिश्तेदारों, गांव के मुखिया से पूछ कर उसकी जाति लिख दी जाए। अभी तो हम उन खबरों को

सलाम कर रहे थे कि फलां ने जाति व धर्म-विहीन प्रमाणपत्र हासिल किया। एक लड़ाई थी कि अगर मां एकल अभिभावक के रूप में सिर्फ अपना नाम लिखवाना चाहे तो कबूल किया जाए। पिता का नाम लिखने के लिए मजबूर न किया जाए। अब दूसरी तरफ यह कि कोई बच्चा जाति विहीन नहीं हो सकता है। बच्चे की जाति को ही उसकी पहचान माना जाएगा तो किं आश्चर्यं?

बिहार से शुरू हुई इस नई क्रांति की वजह सबको पता है। पांच अहम राज्यों के चुनावों की तारीखों का ऐलान हो चुका है। 2024 की दौड़ यहीं से शुरू होती है। 2014 से एक शब्द शुरू हुआ छवि प्रबंधन, जिसने 2024 में प्रवेश के पहले ही अपना दम तोड़ दिया। अब राजनीति विचारधारा मुक्त है यानी छवि मुक्त भी। कार्यकर्ताओं के लिए वेदवाक्य सरीखा होता था—'पार्टी लाइन'। पार्टी की एक बुनियादी राजनीतिक विचारधारा होती थी जिसके प्रति 'कट्टर' होना राजनीतिक शुचिता के दायरे में आता था। लेकिन, आज पार्टी लाइन वैसी ही तेजी से बदलती है जितनी तेजी से महाराष्ट्र में सत्ता। जब डूबते सूरज को यह पता नहीं होता कि वह किसकी सत्ता में उगेगा तो जाति व वर्ग आधारित राजनीतिक दल अपनी बोली की अदला-बदली कर दें तो किं आश्चर्यं?

मंडल कमीशन के दौर में राजीव गांधी ने कहा था कि नौकरी की एक ही शर्त होनी चाहिए योग्यता। उनके पुत्र को कुछ समय पहले चुनावी मैदान में जनेऊधारी हिंदू मानने की सिफारिश की जा रही थी। जनेऊ पहने उनकी तस्वीर वायरल हो रही थे। उन्हें ब्राह्मण बताया जा रहा था। यह वह दौर था जब भाजपा के नेता हर जनसभा में ओबीसी आख्यान कर रहे थे। अपने केंद्रीय नेतृत्व को ओबीसी का बता कर इसे सामाजिक न्याय की उपलब्धि के खाते में डाल रहे थे। राहुल गांधी के खिलाफ अदालत में इस आरोप के साथ गए कि उन्होंने अपने भाषण में ओबीसी जाति का अपमान किया है। मामले में राहुल गांधी को अधिकाधिक सजा सुनाई गई और उनकी सदस्यता गई। फिलहाल मामला अदालत में है और राहुल गांधी की सजा पर रोक लग गई है, संसद की सदस्यता बहाल हो गई है। ओबीसी हितों की दावेदारी भाजपा के हाथ से निकलती दिख रही है तो किं आश्चर्यं?

अब राहुल गांधी हर जमघट में किस जाति की कितनी भागीदारी पूछ रहे हैं। चुनावी मैदान में सारे मुद्दे ओबीसी पर सिमट गए हैं। वहीं भाजपा की भी उलटी वाणी शुरू हो गई है। 2014 में सबको हिंदुत्व के छाते के अंदर लाने वाली पार्टी अब वर्गीय राजनीति वाली भाषा बोल रही है। वह कह रही है कि पूरी दुनिया में दो ही जाति हैं अमीर और गरीब की। ओबीसी आख्यान व जाति गणना की बारिश देख

कर उसने वर्गीय राजनीति का छाता खोल लिया है, दुनिया के गरीबों एक हो तुम्हारे पास कुछ भी नहीं है अपनी जाति को खोने के सिवा जैसा क्रांतिकारी नारा दे रही है। अब भाजपा राहुल गांधी को मनमोहन सिंह का अल्पसंख्यकों का संसाधनों पर पहला अधिकार वाला भाषण याद दिला रही है तो किं आश्चर्य?

अग्निवीर से लेकर पुरानी पेंशन, महंगाई और बेरोजगारी। विपक्ष से उम्मीद थी कि वह जनता से जुड़े इन्हीं मुश्किल मुद्दों पर सत्ता पक्ष को घेरेगा। लेकिन देर से एकजुट हुए विपक्ष को लड़ाई में जीत हासिल करने के लिए छोटे रास्ते की तलाश थी। बिहार के घोषित चाणक्य को लगा कि एक जाति जनगणना ही है जिससे 2024 की लड़ाई में चकनाचूर होने से बचा जा सकता है। बिहार की जाति जनगणना के आंकड़े बाहर आते ही झारखंड से लेकर राजस्थान तक ने जाति जनगणना कराने का ऐलान कर दिया। कांग्रेस ने ऐलान कर ही दिया है कि वह 2024 में केंद्रीय सत्ता में आई तो राष्ट्रीय स्तर पर जाति जनगणना कराएगी।

हालांकि अभी यह तयशुदा तौर पर नहीं कहा जा सकता है कि भाजपा अमीर-गरीब वाली दो ही जाति पर अंत तक टिकी रह पाएगी या नहीं। तथ्यों की खुदाई से ये बातें सामने आ रही हैं कि आज से कुछ साल पहले जाति जनगणना को लेकर भाजपा का क्या रवैया था तो यह आगे राह बदलने का संकेत दे रहा है। भाजपा नेताओं के वे बयान सामने आने लगे हैं जिसमें उन्होंने जाति जनगणना की वकालत की है।

जिस तरह राज्य-दर-राज्य जाति जगणना के मुरीद हो रहे हैं, महाराष्ट्र में भाजपा की साझा सरकार की असहजता सामने आ रही है। उसे देखते हुए इस मुद्दे पर अभी भविष्यवाणी करने से बेहतर है, भविष्य का इंतजार किया जाए। भाजपा के पास पहले से दक्षिण का दर्द भी है जहां जाति अब जनवादी चेतना के नाम है।

अग्निवीर, पुरानी पेंशन, नौकरियों के मुद्दे से हट कर 2024 का मैदान जाति के ध्रुव पर टिक चुका है। जिन सरकारों को हिसाब देना था कि पेंशन योजना बंद क्यों की, सरकारी अस्पतालों की हालत खराब क्यों है, सार्वजनिक क्षेत्र की कंपनियां बंद क्यों हुई, हर हाथ को रोजगार क्यों नहीं। उन्होंने इन सवालों के मुहाने पर जाति जनगणना का ढक्कन लगा दिया।

मंडल कमीशन के दौर में आरक्षण के बाद स्थिति बदली थी। लेकिन उसके बाद नौकरियों की स्थिति व सरकारी नौकरियों की स्थिति कितनी बदली है, यह किसी से छिपी नहीं है। अभी खबरें सामने आईं कि अग्निवीर में चुने गए बहुत से युवाओं ने दूसरी सुरक्षित नौकरी पाते ही सबसे पहले 'अग्निवीर' बनने से इस्तीफा

दिया। रोजगार के क्षेत्र का यह अग्निपथ, जाति जनगणना से कैसे पार होगा, यह भी वक्त को ही देखना है। देश के सामने एक रिपोर्ट का जिक्र बार-बार आता रहा है, वह है राजिंदर सच्चर समिति की रिपोर्ट। इस रिपोर्ट ने पहली बार मुसलमानों की बदहाल स्थिति को देश के सामने रखा गया था। इसे लेकर समिति ने अपनी सिफारिशें दी थीं।

बिहार से निकली जाति जनगणना के नतीजे चौंकाने वाले हैं। एक हंगामा बरपा है। इस हंगामे का ऐसा चुनावी असर हुआ है कि कांग्रेस, भाजपा की तो भाजपा कांग्रेस की भाषा बोल रही है। 2024 की उलटी गिनती के पहले जाति गिनती का यह हंगामा भारतीय राजनीति को क्या शक्ल देगा, यह देखने की बात होगी। अभी तो सवाल यही है कि 2024 के चुनाव का अक्ष कितनी देर तक गिनती के ध्रुव पर झुका रहेगा? बिहार जैसे राज्य के लिए जाति जनगणना कितनी आसान थी यह नीतीश कुमार ने बता दिया। चुनाव आने के अंत तक सत्ता और विपक्ष दोनों इसी मुद्दे पर आ जाएंगे कि जाति जनगणना की बेहतर गिनती कौन कर सकेगा तो किं आश्चर्य?

14 अक्तूबर 2023

डरो मत...भारत जोड़ो यात्रा के दौरान राहुल गांधी के ये दो शब्द लोकप्रिय हुए। सोशल मीडिया पर यह एक प्रेरक संवाद के रूप में छाया रहा। तब जोखिम लेते राहुल गांधी से जनता को प्यार भी हुआ। लगा, राहुल गांधी डरो मत वाली भावना पर टिके रहेंगे और चुनावी मैदान में इस रणनीति को आगे बढ़ाएंगे। लेकिन, अफसोस हिंदी पट्टी के हृदय प्रदेश में कांग्रेस जोखिम लेने से डर गई। न तो कमलनाथ, भूपेश बघेल और न अशोक गहलोत, कांग्रेस आलाकमान तीनों चेहरों को हटाने का जोखिम नहीं ले पाया। किसी तरह तेलंगाना में पुराने नेतृत्व को दरकिनार कर पूर्व 'स्वयंसेवक' रेवंत रेड्डी को कमान दी। मध्य प्रदेश में भाजपा ने यह जोखिम लिया और उसे इसका बंपर फायदा मिला। इसके साथ ही कांग्रेस ने 'इंडिया' गठबंधन के साथ भी दूरी बना ली थी। कर्नाटक की जीत के बाद क्षेत्रीय दल उसे अपनी राष्ट्रीय छवि की राह का कांटा लगने लगे थे। वह गठबंधन के जोखिम से भी डर गई। अगर राजस्थान, मध्यप्रदेश और छत्तीसगढ़ को हिंदी हृदयस्थल कहा जा रहा तो कांग्रेस के लिए इस हृदयाघात पर बेबाक बोल।

हृदयाघात

सत्य परेशान हो सकता है पराजित नहीं..

राजस्थान के संदर्भ में यह उक्ति सचिन पायलट की थी। लेकिन, सच का सामना कांग्रेस आलाकमान से हो तो सत्य परेशान भी होगा और पराजित भी।

कुछ समय पहले एक और चुनाव हुआ था। राजस्थान के संदर्भ में उस समय कांग्रेस की आहत भावना उभरी थी—कोई (राहुल गांधी) अकेला चुनाव लड़ रहा था, और उन्हें सिर्फ अपने बेटे की जीत की फिक्र थी। उस चेहरे से वाकई सहानुभूति हुई थी कि वो अकेले लड़ रहे हैं। लगा था कि अब कांग्रेस को पूरी तरह बदल दिया जाएगा। कांग्रेस की चुनावी सीटों को पैतृक संपत्ति नहीं समझा जाएगा।

राहुल गांधी ने अपनी छवि निर्माण की जितनी कोशिश शुरू की, जनता ने उससे ज्यादा उनका साथ दिया। कांग्रेस से ज्यादा देश का एक बड़ा तबका उनके लिए फिक्रमंद दिखा क्योंकि उन्हें लोकतंत्र की फिक्र थी। लगा, लोकतंत्र में एक मजबूत विपक्ष भी उतना ही जरूरी होता है।

लेकिन, हिंदी पट्टी के तीन राज्यों में चुनाव के पहले राहुल गांधी चुनाव में सिर्फ बेटे और अपने लिए खड़े रहे पिता की बात भूल गए। वे भूल गए कि जनता ने उनकी मोहब्बत की दुकान को प्यार इसलिए दिया क्योंकि उन्होंने खुद को स्थापित करने के लिए जोखिम लिया। दावा किया कि नफरत के बाजार में मोहब्बत की दुकान खोली है। धारा के विपरीत काम करने वालों, जोखिम लेने वालों की हमेशा कद्र होती है, तो राहुल गांधी पर भी लोगों का भरोसा बढ़ा।

राहुल गांधी ने निज के स्तर पर जितने भी जोखिम लिये, तकलीफ सही हो, लेकिन उसके हासिल को राजस्थान और मध्य प्रदेश में जाया कर दिया। दक्षिण से उत्तर आते ही उन चेहरों के सामने समर्पण कर दिया जो सिर्फ खुद के भविष्य के लिए ही चुनाव का चेहरा बनाए जाने की जिद कर रहे थे। स्वार्थ के परोसे गए

समीकरण के सामने कांग्रेस आलाकमान ने सच और साहस से आंखें फेर लीं। इसके पहले भी सत्ता के आरामपसंद नेताओं ने जी23 का हव्वा क्या खड़ा किया उसी में पार्टी के नवनिर्माण के हौसले को उड़ा दिया।

तीन में शून्य के नतीजे का सबक कांग्रेस भाजपा से सीखे। भाजपा नेतृत्व को जोखिम लेना आता है। आलाकमान को लगा कि तीनों राज्यों में मुख्यमंत्री के चेहरे के बिना जाना है तो इस जोखिम-भरे फैसले के बाद एक बार भी पीछे मुड़ कर नहीं देखा। किसी तरह के दबाव में नहीं आया। जाहिर-सी बात है, पार्टी ने यह फैसला जमीनी रिपोर्ट के बाद ही किया था और पता था कि यहां नरेंद्र मोदी के चेहरे के ब्रह्मास्त्र के अलावा कुछ और नहीं चल सकता है। पार्टी कमल के निशान के जोखिम के साथ गई और अपने लिए विपरीत हालात के कीचड़ में सत्ता का कमल खिलाया।

अशोक गहलोत की तुलना में सचिन पायलट की काबिलियत जगजाहिर थी, लेकिन गहलोत के थके हुए चेहरे के सामने सचिन पायलट जैसा ऊर्जावान चेहरा रखने जैसा आसान जोखिम उठाने को तैयार नहीं हुई। यह जानने के बाद भी कि कमलनाथ जनता के बीच खारिज चेहरा हैं, कांग्रेस आलाकमान उन्हें हटाने का जोखिम नहीं ले सका। सिंधिया पहले ही उसे इस कमजोरी की सजा दे चुके हैं। जनता की याद में अगर था भी कि भाजपा ने सत्ता कांग्रेस से कैसे हड़पी थी तो कमलनाथ के चेहरे के साथ ही सारी सहानुभूति खत्म हो गई। राजस्थान की तुलना में मध्य प्रदेश में भाजपा की अविश्वसनीय जीत के पीछे जनता के बीच कमलनाथ के चेहरे की अविश्वसनीयता है। मध्यप्रदेश में कांग्रेस से ज्यादा कमलनाथ के अहंकार की हार है।

जोखिम के बाद जो दूसरा सबक है, वह है अनुशासन का। भाजपा में खींचतान टिकट बंटवारे तक होती है। यह स्वाभाविक है कि सभी अपनी दावेदारी पेश करेंगे। लेकिन, एक बार टिकट बंट जाने के बाद सब अपनी तय जिम्मेदारी को पूरा करने में जुट जाते हैं। चार बार के मुख्यमंत्री को बाद की सूची में टिकट मिला, उन्हें चुनाव का चेहरा नहीं बनाया गया, पर वे अपनी जिम्मेदारी को निभाते चले गए। केंद्रीय मंत्रियों को विधानसभा क्षेत्रों में तैनात कर दिया गया और वे दिल्ली दरबार को भूल कर स्थानीय कार्यकर्ताओं की तरह काम करने लगे। जो केंद्रीय मंत्रिपद पर थे, वे तो आम कार्यकर्ता की तरह काम कर रहे थे लेकिन जिन्हें सिर्फ 'सत्ता विरोधी माहौल' के जरिए सत्ता मिलने की खुशफहमी थी, वे जनता के बीच जाने के बजाय किस-किस को भावी मंत्रिपद के रेस से बाहर कर दिया जाए के हसीन सपने में व्यस्त थे।

बात आती है परिवारवाद की। यह सच है कि भाजपा में भी नेताओं की संतानें राजनीति में आती हैं। लेकिन उन्हें उनकी क्षमता के हिसाब से ही जगह और महत्त्व दिया जाता है। किसी विरासती चेहरे के लिए पार्टी की रणनीति और भविष्य से समझौता नहीं किया जाता है। राजनेता की चुनावी सीट संतान का कुदरती अधिकार नहीं है। चुनावी सीट को जन्मसिद्ध अधिकार समझने के कारण ही हरियाणा कांग्रेस का बुरा हाल हुआ, जहां पिता अपनी संतान के फायदे के लिए पार्टी को बड़े से बड़ा नुकसान पहुंचाने के लिए तैयार रहता था।

कांग्रेस को देश की सबसे पुरानी पार्टी 'वयोवृद्ध' के संदर्भ में नहीं कहा जाता है। उम्मीद की जाती है कि आजाद देश की उम्र से भी पहले की इस पार्टी को देश को, हालात को समझने का तजुर्बा ज्यादा होगा। अफसोस कांग्रेस ने इतने अहम चुनाव में नातजुर्बेकार पार्टी की तरह व्यवहार किया। उसकी जो जमीनी हालत थी। उसे भूल कर कर्नाटक के नतीजों के बाद सत्ता के आसमान को देखने लगी और 'इंडिया' गठबंधन को दरकिनार किया।

कर्नाटक के बाद कांग्रेस का अहंकार ऐसा चरम पर पहुंचा कि जुबान पर 'अखिलेश-वखिलेश' वाली भाषा आ गई। चुनावी रिपोर्ट बताती है कि हिंदी हृदयप्रदेश में उसने अन्य दलों के साथ व्यावहारिक गठबंधन की तरह चुनाव लड़ा होता तो हालात कुछ और होते। चुनावों के बाद चाहे उमर अब्दुल्ला हो, या संजय राउत सबके बयान बताते हैं कि कांग्रेस के इस अहंकार से कितने आहत हैं। हार का समाचार मिलते ही खड़गे ने 'इंडिया' की बैठक का न्योता भेजा। जाहिर-सी बात है कि कांग्रेस को लेकर पहले से ही सतर्क क्षेत्रीय दल उसके साथ और असहज होंगे। कांग्रेस की इस गलती का खमियाजा पूरे 'इंडिया' गठबंधन को उठाना पड़ेगा।

कांग्रेस अभी विकल्प का ऐसा चेहरा नहीं बनी है कि उसे भाजपा के खिलाफ गया एकमुश्त वोट मिले। पहली बात तो यह है कि भाजपा के खिलाफ जितना भी माहौल बिगड़ता है, वह उसे लेकर सतर्क हो जाती है। दूसरी बात यह कि भाजपा के खिलाफ वोट पूरी तरह बिखरा हुआ है। खास कर हिंदी पट्टी में इसे सबके साथ ही साधा जा सकता था। लेकिन, कांग्रेस ने जोश में आकर होश खो दिया। भाजपा से यह भी सीख ले कि वह किस तरह उन दलों से गठबंधन करने के लिए भी राजी हो जाती है जिससे उसका राजनीतिक मिजाज बिलकुल नहीं मिलता। अगर किसी के साथ गठबंधन से उसे एक सीट का भी फायदा मिलता है तो वह उसे कमतर नहीं समझती।

तमिलनाडु, बिहार, उत्तर प्रदेश ऐसे राज्य हैं जहां कांग्रेस दूसरी शक्ति बनने की

काबिलियत खोने के बाद दुबारा सशक्त नहीं हो पाई। परेशानी यह है कि जिन चुनिंदा राज्यों में वह सत्ता में है, उसे दुबारा नहीं जीत पाने की परिपाटी भी बना रही है।

आज हाल यह है कि 'इंडिया' गठबंधन कांग्रेस की हार से राहत की सांस ले रहा है, और कह रहा—आइए आपकी हार का इंतजार था। बिना मजबूत राजनीतिक हृदय के हिंदी हृदयप्रदेश में उतरने के बुरे नतीजे के बाद कांग्रेस के पास आजादी के पहले वाला ही संदेश बचा है—करो या मरो। देखते हैं, अब पार्टी की पसंद क्या होगी? जोखिम लेकर जिंदा रहने के लिए करना या आराम पसंद लोगों के लिए मरना। वोट फीसद बता रहे हैं कि कांग्रेस की सांस लेने के लिए पर्याप्त आक्सीजन है बशर्ते वह जीने के लिए जद्दोजहद करे।

9 दिसंबर 2023

❑❑